改訂版

健康保険
被扶養者認定
Q&A

健康保険の被扶養者認定に関する
100のQ&A

H&P 健康と年金出版社

は し が き

　日本経済は、期待されたトリクル・ダウンも異次元金融緩和によるデフレ脱却政策も、実質賃金の上昇が伸び悩み、みんなが肌で感じられるほどの成果はありません。一方で少子高齢化による人手不足、地方経済の長期低迷が引き続いている現状があります。これらの不安材料を背景とした非正規雇用の増加・賃金上昇の低迷から成人した子や孫に限らず、親の事業が思わしくないといった事例まで、生計を異にする親族を健康保険の被扶養者に認定できないかといった問合せが健康保険組合に舞い込んできます。

　被扶養者認定事務の次第によっては、高齢者医療制度にかかる支援金や納付金など、直接健康保険財政に影響します。そういう意味では、かなり重要な事務の割には医療保険者によってマチマチな取扱いになっています。

　また、被扶養者を希望する理由には経済的要因のほかに、就職しても仕事に馴染めずに離職する若者や結婚してもすぐに離婚する人の増加など現代的要因もあります。

　医療保険制度改革の議論のなかでは「被扶養者」に対する人頭割保険料の導入さえ検討が行われたこともありました。各保険者にとって保険財政の健全化には、被扶養者の厳格な認定事務が欠かせないものとなっています。被保険者の側からみると、被扶養配偶者の国民年金第三号被保険者の資格にも影響し、離婚した場合は配偶者の厚生年金保険の分割にも影響します。

　この「被扶養者認定に関するQ&A」は、厚生労働省保険局保険課の最新の通知、ホームページ上で公開されているいくつかの健康保険組合の認定方針や健康保険組合連合会編の質疑応答集、国家公務員共済組合法の運用方針（最新版）などを参酌して、編集者の独自の見解（Comment）を入れて編集した

i

ものです。

　編者のコメントは、厚生労働省の通知やQ&Aでは判断しかねる事例について、参考意見としてコメントしているもので、最終的には保険者の判断によるところとなります。編者のコメントが、健康保険加入者の疑問や、保険者の被扶養者認定事務において少しでもお役に立てれば幸いです。

2019年6月　編者　廣 部 正 義

（元・総合健康保険組合常務理事）

目　　次

I　医療保険制度の財源負担と被扶養者制度 —————1

■医療保険制度の財源負担と被扶養者制度 ················ 3
1　国民健康保険と被用者保険制度の財源負担方式の相違 ·········· 3
2　企業グループ別健康保険組合と協会けんぽ・総合型健康保険組合の相違· 4
3　医療保険制度の負担のしくみを公平化するには··············· 5
4　医療保険制度の一元化と被扶養者 ····················· 6
5　前期高齢者納付金制度と被扶養者 ····················· 7

■被扶養者認定の基本事項 ························· 9
1　被扶養者認定の基本 ·························· 9
2　被扶養者の認定権 ························· 10
3　被扶養者の認定基準 ························ 11
4　被扶養者調書の活用 ························ 11
5　保険者の認定に不服があるとき ··················· 11

II　被扶養者認定Q&A ————————————— 13

■被扶養者制度の趣旨と被扶養者の範囲 ················ 15
Q1　健康保険法における被扶養者制度の趣旨は何か? ··········· 15
Q2　どのような親族が被扶養者となることができるか? ··········· 16
Q3　被扶養者認定基準は何年も改正されず時代の変動にあっていないのではないか? ······ 18
Q4　公的扶助や医療保険から休業補償を受けている期間の取扱い ········ 20
Q5　事実上の婚姻関係の意義について ··················· 21
Q6　重婚的内縁関係にある配偶者は被扶養者になれるか?··········· 22
Q7　近親婚の関係にある内縁関係は被扶養者として認められるか? ······· 22
Q8　夫のいる娘を被扶養者にできるか? ················· 23
Q9　離婚して子連れで戻ってきた娘を被扶養者にできるか? ········· 23
Q10　健康保険適用事業所に勤務する妻を被扶養者にできるか? ········· 24
Q11　再婚禁止期間中であるが事実上の婚姻関係にある者を被扶養者として認定できるか? ····· 25
Q12　内縁の配偶者の連れ子は被扶養者になれるか? ··········· 26
Q13　里子は被扶養者になれるか? ················· 26
Q14　正妻を有している者が他に事実上の婚姻関係にある者を有する場合について ···· 27
Q15　妻以外の同棲中の女性を内縁の妻として被扶養者にできるか? ······· 27
Q16　被保険者の父の後妻は被扶養者になれるか? ············· 28
Q17　養子縁組をした後においても実親又は実子を被扶養者として認定できるか?············ 28

iii

Q18 養子の子は被扶養者として認定できるか? ………………………………… 29

Q19 再婚により実家に残された子の被扶養者の認定について ……………… 29

Q20 16歳未満の娘の子(被保険者の孫)を被扶養者として認定できるか? ……… 30

■被扶養者 (異動) 届に添付する書類 (証明書) について ……………………… 31

Q21 被扶養者の認定にどんな書類が必要か? ………………………………… 31

Q22 被扶養者の認定(再確認)はどのような方法で行われるか? ……………… 35

Q23 学校が夏休みで「在学証明書」を取れない場合はどうしたらよいか? ……… 35

Q24 離職証明がとれない場合の認定申請について ……………………………… 36

Q25 住民登録してない学生の場合の遠隔地証明書について ………………… 36

Q26 両親がいる弟妹に送金している場合の証明書について ……………………… 37

Q27 別世帯にある内縁の妻の場合の証明書について ………………………… 37

Q28 民生委員の証明の効果について ………………………………………… 38

Q29 年金証書の写しの効果について ………………………………………… 38

Q30 援助を手渡しで行っている場合の証明について ………………………… 39

Q31 海外に居住する外国人を被扶養者にする場合の証明について ………… 40

Q32 別居している者を扶養している証明の方法について …………………… 41

Q33 非課税証明書の記載事項に関する疑義について …………………………… 41

■認定基準の具体的取扱い (運用) について ……………………………… 42

Q34 健康保険法第3条第7項の「主として」とはどの程度か? ………………… 42

Q35 健康保険組合や共済組合における収入の対象と基準額について ……… 43

Q36 学生アルバイトの認定基準について …………………………………… 44

Q37 収入のある複数の家族を同時に認定する場合の基準額について ……… 44

Q38 妻が短期間パートとして働いた場合の認定について ……………………… 45

Q39 両親の合算した年金収入が280万円を超える場合の認定について ……… 46

Q40 企業年金を一時金で受け取った場合の認定について …………………… 47

Q41 年額130万円の収入(所得)の意味について …………………………… 48

Q42 年収130万円未満の基準の絶対性について …………………………… 49

Q43 年収130万円は認定の目安でよいのか? ……………………………… 50

Q44 年の途中で月収が変動した場合の年収の算定はいつの時点とすべきか? ………… 51

Q45 調査により認定基準からはずれた者の資格喪失はいつか? ……………… 52

Q46 農業従事等自営業者の収入の認定はどのようにすべきか? ……………… 52

Q47 自営業者の必要経費は不公平ではないか? …………………………… 53

Q48 父の年収は130万円以上なので、母だけを被扶養者にできないか? ……… 54

Q49 公的年金を受けている高齢の両親を被扶養者として認定する場合はどのように行うか? …… 55

Q50 被扶養者の階層別・認定区分について …………………………………… 56

Q51　60歳以上と60歳未満では収入認定基準がなぜ異なるのか?……………… 57

Q52　被扶養者の認定日はいつか? ………………………………………… 58

Q53　年金受給権者となった場合の被扶養者削除日について ……………… 59

Q54　被扶養者の届出があった日と認定すべき日について ………………… 60

Q55　兄弟3人で母を扶養している場合の認定について ……………………… 60

Q56　学生である被扶養者が就職をした場合の被扶養者資格の喪失時期について ……… 61

Q57　各種学校の学生の被扶養者の認定方法について ……………………… 61

Q58　夫婦共同扶養の場合による被扶養者の認定について(実子を共同扶養している場合) … 62

Q59　夫婦共同扶養の場合において妻の被扶養者と認定すべき事例について(両親を共同扶養) … 63

Q60　夫婦共同扶養の被扶養者の認定について(家族手当が支給される場合) … 64

Q61　被保険者の父に収入がある場合の母の被扶養者資格について ……… 65

Q62　雇用保険から基本手当が支給されている場合の所得基準額の算定について……… 65

Q63　失業給付(基本手当)の受給者を被扶養者として認定する時期について……………… 66

Q64　出産手当金を受けている場合の被扶養者の認定について ……………… 67

Q65　年金受給額が増額したことにより被扶養者資格を取り消すべき時期について ………… 68

Q66　別居中の兄を弟の被扶養者に認定できるか?………………………… 69

Q67　被保険者の標準報酬月額より月収の多い妻を被扶養者に認定できるか?……………… 70

Q68　一時的に別居を余儀なくされる場合の認定について ………………………… 71

Q69　弟が父母を扶養しているが、他の兄弟にも扶養能力がある場合について ………… 71

Q70　同一世帯に属するとは、戸籍が同一であることか? ………………… 72

Q71　家庭の事情で、2、3ヵ月別居する間の被扶養者資格はどうなるか? ………………… 72

Q72　被扶養者が一時的に入院した時はやむを得ない別居となるか? ……………… 73

Q73　家族を被扶養者とするにはどうすればよいか?……………………… 74

Q74　16歳以上60歳未満の者の生計維持関係の確認方法について ……………… 75

Q75　被扶養者認定を職権で行うことは可能か? ……………………………… 75

Q76　妻が仕事をやめ雇用保険から基本手当を受給するつもりだが、被扶養者になれるか? …… 76

Q77　育児休業終了後も休職する妻を被扶養者に認定できるか? ………………… 77

Q78　自営業の妻の被扶養者認定について ……………………………… 78

Q79　年間収入を調整している妻の被扶養者認定について ……………… 79

Q80　就職した息子が10日ほどで離職した場合について ………………… 80

Q81　司法試験受験準備中の子を被扶養者にできるか?…………………… 81

Q82　ひきこもりの子の被扶養者の認定について …………………………… 82

Q83　芸能界入りのため養成学校へ通う子を被扶養者に認定できるか?……………… 83

Q84　親権が離婚した元妻にある場合、その子を被扶養者にできるか?………………… 84

Q85　障害者の子を被扶養者とする場合について ………………………… 84

v

Q86　別居している義父母を被扶養者にすることができるか? ……………………………… 85

Q87　年金受給中で、かつ自営業の母を被扶養者にできるか? ……………………………… 85

Q88　両親の収入合計額が180万円を超える場合の被扶養者の認定について ……………… 86

Q89　年金収入しかない両親の被扶養者認定について ……………………………………… 87

Q90　母親を扶養する被保険者が結婚した場合について ……………………………………… 88

Q91　被保険者が単身赴任した場合について ……………………………………………………… 89

Q92　医師と離婚した娘と孫を被扶養者にできるか? ……………………………………… 90

Q93　未婚の娘が子を産んだ場合の被扶養者の認定について ……………………………… 91

Q94　被保険者の母が退職した場合の祖母の被扶養者認定について ……………………… 92

■高齢者医療制度と被扶養者認定 ……………………………………………………… 93

Q95　75歳を超えている外国で暮らす外国人の母を被扶養者にできるか? ……………… 93

Q96　障害認定を受けて後期高齢者医療制度に加入している母を被扶養者にできるか? …… 93

Q97　生活保護を受けている76歳の母を被扶養者にできるか? ……………………………… 94

Q98　「実態と著しくかけ離れたものとなり、かつ、社会通念上妥当性を欠くこととなる」とは … 94

■外国人労働者とその被扶養者認定 ………………………………………………… 95

Q99　外国籍の認定対象者が国内居住と国外居住とで異なる点は何か? ……………… 95

Q100　海外に在住する外国人を被扶養者として認定する必要はあるか? ……………… 96

Ⅲ　被扶養者認定に関する通知について ──────────── 97

通知1　生産年齢の被扶養者認定の考え方……………………………………………… 99

通知2　収入がある者についての被扶養者の認定について……………………………… 101

通知3　健康保険法の一部を改正する法律の疑義について ……………………………… 103

通知4　夫婦共同扶養の場合における　　　被扶養者の認定について ……………… 106

通知5　夫婦共同扶養の場合における　　　被扶養者の認定について ……………… 109

通知6　失業給付を受ける者の被扶養者の　認定について(事務連絡) ……………… 110

通知7　海外に在住し日本国内に住所を有ない被扶養者の認定事務ついて ………… 113

通知8　日本国内に住所を有する被扶養者の認定事務について………………………… 116

通知9　日本国内に住所を有する被扶養者の認定事務について………………………… 118

通知10　「日本国内に住所を有する被扶養者の認定事務について」に関する留意点について … 120

平成30年10月1日施行日本国内に住所を有する被扶養者の認定事務にかかるO&A …… 128

【参考資料】国家公務員共済組合法等の運用方針(昭和34年10月1日蔵計第2927号) … 134

Ⅳ　届出・様式例 ──────────────────── 139

I

医療保険制度の財源負担と被扶養者制度

医療保険制度の財源負担と被扶養者制度

1 国民健康保険と被用者保険制度の財源負担方式の相違

　国民健康保険制度は世帯単位で加入し、保険料（税）は、世帯単位の全加入者の所得に応じて賦課される。一部の市町村では、所得割のほかに固定資産に応じた資産割を導入している。

　被用者保険制度は、被保険者が事業主から支払われる賃金・役員報酬（標準報酬月額及び標準賞与額）に応じて保険料が賦課される。そのため、被保険者が適用事業所の事業主以外から受ける報酬（非常勤役員等）や他の事業で所得を得ていても保険料の負担を要しない。その他に、高齢の被保険者は、公的年金収入や個人事業収入を得ていても保険料負担を要しないため、国民健康保険に加入するよりも保険料負担が少なくて済む。

　また、被扶養者については、収入があったとしても、被扶養者と認定されたときから一切保険料負担を要せず、被保険者と等しく保険給付を受けられる。特に、恒常的収入だけで主として生計維持されているかを認定するため、預貯金や固定資産、退職金等は収入に含まれないが、退職金を一時金ではなく企業年金の一部として受取る場合は算入される。

　一方の国民健康保険制度では、市区町村によって異なるが、所得割・資産割・均等割・平等割（世帯毎の均等割）が存在する。そのため、収入の少ない家族を多く抱える世帯の負担が重くなり、被用者保険制度と真逆の矛盾が生じ、被保険者のみならず国民健康保険を運営する市町村が苦慮しているところである。

2 企業グループ別健康保険組合と協会けんぽ・総合型健康保険組合の相違

　被用者保険制度の費用負担のしくみは国民健康保険制度と違った意味での矛盾が多い。企業グループ単位の健康保険組合においては、社会保険という性格よりも経営者（資本家）が従業員とその家族の生活を保証するという企業内福利厚生の色合いが強い。また、大手企業の従業員の場合、年金受給者が定年後も引き続き働くとしても、就業規則によって勤務延長期間や再雇用の賃金が決まっていて、老齢厚生年金の在職調整を免れるための報酬操作も個人ではできない。対策として、全国健康保険協会（以下「協会けんぽ」という。）では、事業主などが傷病手当金を受ける段階になると標準報酬月額を引上げ給付を受ける逆選択が横行しているので、給付の基準となる標準報酬月額の上限を62万円にするよう厚生労働省に要望したこともある。零細企業や同族会社の経営者グループの保険料算定方法が一般被保険者と同じことが問題なのである。

　「協会けんぽ」や「総合型健康保険組合」の中小零細企業の事業主や役員の場合には、明確な定年制もなく年金受給者も多く働いている。そのため、高齢者医療制度導入前から負担の公平性に乏しく、不合理な保険料負担のしくみが続いてきた。昭和61年度から5人未満の法人事業所を健康保険の強制適用としたことにより、診療所（開業医）や個人事業所の法人化が進むなかで顕著になっている。例えば、5人未満事業所の健康保険適用漏れが問題となっているが、適用漏れの事業所に130万円未満で働いている人は、本来、健康保険の被保険者となるべきものまでも、たいてい健康保険の被扶養者となっているのが現実である。

　さらには、健康保険の標準報酬月額に基づき自己負担限度額の区分が決まるため、事業主から支払われる報酬以外の所得がある被保険者は、総所得により区分される国民健康保険と比べると甚だ不合理である。（表1参照）

【表1】70歳〜75歳未満の自己負担限度額　　　（平成30年8月診療分から）

被保険者の所得区分	自己負担限度額		
	外来（個人ごと）	外来・入院（世帯）	
①現役並み所得者	**現役並みⅢ** 標準報酬月額83万円以上で高齢受給者証の負担割合が3割の方	252,600円＋ （総医療費－842,000円）×1% [多数該当：140,100円]	
	現役並みⅡ 標準報酬月額53万〜79万円で高齢受給者証の負担割合が3割の方	167,400円＋ （総医療費－558,000円）×1% [多数該当：93,000円]	
	現役並みⅠ 標準報酬月額28万〜50万円で高齢受給者証の負担割合が3割の方	80,100円＋ （総医療費－267,000円）×1% [多数該当：44,400円]	
②一般所得者 ①および③以外の方	18,000円 （年間上限14.4万円）	57,600円 [多数該当：44,400円]	
③低所得者	Ⅱ（【注1】）	8,000円	24,600円
	Ⅰ（【注2】）		15,000円

【注1】被保険者が市区町村民税の非課税者等である場合。
【注2】被保険者とその扶養家族全ての方の収入から必要経費・控除額を除いた後の所得がない場合。
【注3】現役並み所得者に該当する場合は、市区町村民税が非課税等であっても現役並み所得者となる。
【注4】上記表は一般的区分ですので、年間上限、多数該当の高額療養費に該当する場合は異なってくる。
【注5】65以上70歳未満の人は、平成29年8月1日から上記【表1】と同じ取扱い。

3 医療保険制度の負担のしくみを公平化するには

　被扶養者の認定を公平に運用するのは至難の業であり、際限がない。被用者保険制度においても、収入のある被扶養者について保険料負担を導入する以外に解決方法はないと考える。

　被用者保険制度における被保険者や被扶養者の所得把握（捕捉）は困難だという意見もあるが、年金受給年齢（65歳）以上の人を高齢者医療制度に移行させれば、現行の後期高齢者医療制度（国民健康保険に準じた保険料負担のしくみ）と同様の所得把握（捕捉）が可能になる。

　なお、若年層が二以上の適用事業主からの給与等の支払いがある場合は、

Ⅰ　医療保険制度の財源負担と被扶養者制度　5

現行の取扱い（健康保険法第44条第3項）に基づき賦課すればよい。ただし、社会保険適用の判定は、二以上の事業所の勤務日数、勤務時間等は二以上の実績を合算して決定する。現行の取扱いは、個々の事業所ごとに判断するため、二以上の事業所とも社会保険非適用になるか、一方の適用事業所のみの社会保険加入になってしまい、非適用事業所分は負担しなくて済む場合が生じる。

　結論として、医療保険制度の保険料負担の公平化と国民健康保険料の負担回避のための被扶養者移行をなくすため、「被扶養者認定の公平化」と「保険料負担の基本を標準報酬制に加えて収入のある被扶養家族の保険料負担の導入」が求められる。また、被扶養者の認定基準を厳格化すると、国民健康保険に移行する低所得者が増加することが予想される。ついては、低所得者世帯の人頭割保険料を廃止し、国民健康保険に対する国庫負担額を増額すべきである。

4 医療保険制度の一元化と被扶養者

　被扶養者にも保険料負担を求めると「医療保険制度の一元化につながる」という意見もあるが、このまま保険者間の財政調整を極限まで行えば、究極的に医療保険制度の一元化に到達する。財政調整を極限まで行わずに、保険者機能を維持できる負担のあり方を考えるべきだ。

　そのためには、被用者保険という概念にとらわれずに、所得のある被扶養者からも保険料を徴収し、高齢者医療の一部でも負担を求めないと保険者機能が後退する局面にあるからだ。

　仮に、税制改正（増税）で高齢者医療の財源を捻出しても、被保険者間の負担の公平性が担保されなければ、これ以上の国民負担が増える税制改正そのものが支持されない。健康保険組合の被保険者数と被扶養者数は拮抗しているが、医療費は僅かに被扶養者のほうが多い。高齢者医療制度の財政負担は、被保険者及び被扶養者とも全く同じ方程式で計算されるとなれば、ますます所得のある被扶養者の保険料負担は不可避と思われるのだが。（【表2】参照）

【表2】平成28年度健康保険・被保険者・被扶養者別医療費 （単位：円）

管掌区分	年齢区分	加入者区分	人数（人）	総医療費	一人当り医療費
協会けんぽ	70歳未満	被保険者数	37,851,671	5,816,134,943	153,656
		被扶養者数	28,225,758	4,545,678,112	161,047
	70歳以上	現役並み	189,955	107,032,072	563,461
		一般	779,823	440,022,202	564,259
	前期高齢者	本人・家族（再掲）	3,484,547	1,561,645,578	448,163
組合健保	70歳未満	被保険者数	16,040,947	2,322,536,811	144,788
		被扶養者数	13,007,213	1,988,498,140	152,877
	70歳以上	現役並み	64,742	33,871,750	523,177
		一般	204,988	110,548,409	539,291
	前期高齢者	本人・家族（再掲）	927,050	407,929,788	440,030

※医療費は自己負担分を含む額、現金給付（高額医療費等）は含まない。厚生労働省保険局調査課調べ

【表3】平成28年度被保険者数・被扶養者数及び前期高齢者数調べ

管掌区分	加入者区分	人数（人）	扶養率	前期高齢者（再掲）	割合	未就学児（再掲）	割合
協会けんぽ	被保険者数	38,390,131		2,163,595	5.6%		
	被扶養者数	28,657,075	0.75	1,320,952	4.6%	4,904,026	17.1%
	合　計	67,047,206		3,484,547	5.2%		
組合健保	被保険者数	16,183,538		550,519	3.4%		
	被扶養者数	13,126,782	0.81	376,531	2.9%	2,299,508	17.5%
	合　計	29,310,320		927,050	3.2%		

※前期高齢者の割合は、被保険者・被扶養者ごとの割合、未就学義堂の割合は、被扶養者数に占める割合
出所：厚生労働省保険局調査課調べ

5 前期高齢者納付金制度と被扶養者

　前期高齢者納付金制度のしくみは、65歳から74歳までの高齢者（後期高齢者医療制度該当者を除く。）が負担する総医療費（後期高齢者医療制度に対する前期高齢者にかかる支援金を含む。）を加入者（被保険者及び被扶養者）全

Ⅰ　医療保険制度の財源負担と被扶養者制度　7

員で負担するしくみである。その健康保険組合に前期高齢者が少なくても、加入者が多ければ多く負担しなければならない。そうすると、保険料を負担しない被扶養者の多い健康保険組合や、平均標準報酬月額や賞与額の低い健康保険組合は、負担に耐えられなくなる。前期高齢者が少ない健康保険組合であっても、医療保険の全保険者の平均加入率まで前期高齢者がいるものとして算出した額と実際の額との差額を納付する。前期高齢者の比率が全国平均以上の保険者は逆に差額が交付されるしくみである。

ちなみに、平成29年度のすべての医療保険者全体の前期高齢者の割合は15%で、全健康保険組合の平均加入率は、3.15%となっている。したがって、健康保険組合はその差（全健康保険組合の平均11.85%）に当該健康保険組合の前期高齢者の総医療費を乗じた額が納付金となる。

例えば、前期高齢者の加入率が3%、前期高齢者の給付費が10億円の場合は、自分の健康保険組合も全国平均並みに前期高齢者がいる場合という計算になり、【注】の額になる。

厚生労働省は、前期高齢者の総医療費を減らせば、納付金が減るというインセンティブが働くというが、規模の小さい保険者にとっては、変動が激しく毎年胃の痛む予算編成を強いられている。

【注】10億円×（15%−3%）/3% =40億円（前期高齢者給付費の4倍）が前期高齢者納付金となる。

被扶養者認定の基本事項

1 被扶養者認定の基本

　被扶養者届の提出のあった場合の認定基準の審査確認の手順は、次のとおりである。

① 　被扶養者の範囲内であるか。

② 　同居を必要とする場合は、同居しているか。別居の場合は一時的別居か否か。

③ 　収入がある場合は、基準以内かどうか。

④ 　子や孫の場合は、他に収入のある扶養義務者がいないか。

⑤ 　父母・祖父母の場合も他に収入のある扶養義務者がいないか。

⑥ 　他の三親等以内の親族の場合も他に収入のある扶養義務者がいないか。

⑦ 　被保険者以外に親等の近い収入のある扶養義務者がいないかどうか。

⑧ 　他に収入のある扶養義務者がいる場合は、他の扶養義務者が扶養できない理由及び被保険者が扶養すべき理由並びに認定対象者が働くことがでない具体的な理由等を確認する。

⑨ 　成人している配偶者以外の親族の場合は、働くことができない理由等を確認する。

⑩ 　外国に居住する認定対象者で、海外赴任により日本在住時から引続き被扶養者として認定している場合を除いて、外国人で母国に残してきた親族の認定は、慎重に行う必要がある。身分関係の確認も困難な場合があり、事業主の協力のもと確認を行うこと。（文末【参考】参照）

⑪ 　最終判断として、配偶者のある者、成人している配偶者以外の者等を認定する場合は、疾病、障害、突発的失業、配偶者の死亡等により被保

Ⅰ　医療保険制度の財源負担と被扶養者制度　**9**

険者以外に頼る親族がいない場合等に限って認定すべきである。よくある事例として、健康であるにもかかわらず、職に就かず長年無職の親族を気の毒だからという理由で被扶養者として認定する場合もあるが、その場合であっても、もっぱら被保険者の収入に依存している場合に限るべきである。

●厚生労働省は健康保険法の一部を改正し、健康保険の被扶養者の認定において、原則として国内に居住しているという要件を導入することとした。

【参考】平成31年1月17日社会保障審議会医療保険部会資料3より抜粋

- 被扶養者の要件に日本に住所を有する者であることを追加する。
- 留学生その他の日本に住所を有しないもののうち、日本に生活の基盤があると認められるものについては例外的に要件を満たすものとする。

※例外となる者の詳細は厚生労働省令で規定するが、留学生や海外赴任に同行する家族など、日本から海外への渡航理由に照らし、これまで日本で生活しており、今後再び日本で生活する蓋然性の高い者等を例示する予定。

- いわゆる「医療ビザ滞在者」等で来日して国内に居住する者を被扶養者の対象から除外する。

※除外対象の詳細は厚生労働省令で規定する予定。

2 被扶養者の認定権

　健康保険法第3条第7項の規定に基づき扶養親族を健康保険の被扶養者として認定する場合の権限は、健康保険を管理運営する保険者（全国健康保険協会、各健康保険組合及び各種共済組合）にある。この権限に基づき被扶養者として認定されない限り、扶養親族が保険医療機関等で保険給付を受けることはできない。

　また、健康保険法による被扶養者の異動届は5日以内となっているが、遡

及して被扶養者である事実が確認できるときは、遡及して現金給付を行っている。各種共済組合では法令で30日以内に届出しない場合は、扶養の事実が明らかであっても遡及して認定しない。

なお、被扶養者に認定された後でないと、家族高額療養費、家族出産・育児一時金、家族埋葬料の現金給付や付加給付等を受けることができない。ただし、被扶養者異動届提出と同時に療養費等の現金給付を請求（申請）することは可能である。

3 被扶養者の認定基準

被扶養者の認定基準は、厚生労働省保険局や旧社会保険庁の通知によるが、夫婦共同扶養の場合は保険者同士が協議のうえで決定する場合もある。認定基準や保険者の具体的な取扱規程がある場合は、とりあえずその規定に基づき認定することになる。

4 被扶養者調書の活用

被扶養者認定は、単に認定対象者の収入が基準内であればよいというものではない。そこで、健康保険法施行規則第38条に定める各届出事項を網羅した被扶養者調書（生活実態調書）を添付させ、具体的な生計維持関係を客観的に審査し、被保険者の被扶養者として認定することになる。

5 保険者の認定に不服があるとき

保険者の認定に不服があっても、健康保険法第189条に基づく不服審査請求ができない。ただし、行政不服審査法（平成26年法律第68号）による不服審査は申し立てることができる。

また、家族が病気をしたときや出産したときに保険給付費を請求し、被扶養者に認定されていないことを理由に家族療養費や家族出産育児一時金の不支給処分を受け、その処分に不服があるときに、社会保険審査官に対して3

ヵ月以内に不服審査請求ができる。なお、健康保険組合が保険者の場合は行政不服審査法の適用を受けないので、処分又は裁決があったことを知った日から6ヵ月以内に裁判所に提訴できる。（行政事件訴訟法第14条）

Ⅱ

被扶養者認定Q&A

被扶養者制度の趣旨と被扶養者の範囲

 健康保険法における被扶養者制度の趣旨は何か？

A　健康保険では、被保険者本人のみならず、一定の範囲内にある扶養親族、すなわち被扶養者についても、疾病、負傷、死亡又は出産に関して保険給付を行うこととしている。

　このように、被扶養者の保険事故に関する給付を行うのは、被扶養者が被保険者によって生計を維持しているので、被扶養者の事故は結局、被保険者に経済上の負担を課すのみならず、精神的な面などその他多くの面でも、被保険者に圧迫を加える結果となり、被保険者の有する労働力を減退させる上に、生活状態に悪影響を及ぼすこととなるので、健康保険制度の目的からみて、このような事故に対しても給付を行うことが必要であると考えられたためである。

　被扶養者に対する保険給付は、制度発足の当初は行われず、昭和14年に任意給付として一定条件の下に、ある程度療養費の支給が認められるようになり、昭和17年に法定給付となって、出産、死亡についても給付が行われるようになった。平成14年10月からは配偶者以外の被扶養者の出産についても給付が拡大され、今日に至っている。

　家族療養費の自己負担割合は、当初は5割負担だったが、昭和48年に3割負担、昭和56年に入院時2割負担とされたが、平成15年4月からは入院時も3割負担とされ、負担割合が被保険者と同一となった。

Ⅱ　被扶養者認定 Q&A　15

 # どのような親族が被扶養者となることができるか?

A 健康保険においては、次に掲げる者が、被扶養者とされている。被扶養者となるためには、全国健康保険協会（実務は日本年金機構）又は健康保険組合等の認定を受けなければならない。その範囲は次ページの図のとおりである。

なお、認定の対象となるのは、年収が130万円未満（60歳以上の高齢者又は障害厚生年金に該当する程度の障害者は180万円未満）であり、かつ、次の条件に該当する者になる。

条件1

次の者で、主として被保険者の収入によって生計を維持している者（次ページの図の■の者）

① 配偶者（事実婚でもよい。）

【注】事実婚の配偶者は「未届の夫又は妻」あるいは「内縁関係にある夫又は妻」ともいう。

② 直系尊属（父母・祖父母・曽祖父母）

③ 子、孫及び兄弟姉妹

条件2

次の者で、主として被保険者の収入によって生計を維持し、かつ被保険者と同居し、生活をともにしている者

① 被保険者の三親等以内の親族（叔父・叔母等）

② 被保険者と内縁関係にある配偶者の父母及び子又は内縁関係にある配偶者が死亡した後の父母及び子（点線の枠内の者）

被扶養者の範囲

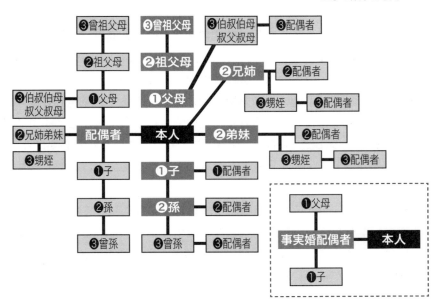

 被扶養者認定基準は何年も改正されず時代の変動にあっていないのではないか？

A 国の基準を明確にし、時代の変化に合った基準に改正すべき
　一つは、60歳を境に認定対象者の収入を130万円から180万円に幅を広げているのは、労働者の定年制とのつながりがある。現在は、平均寿命の延びや年金の支給開始年齢の引上げもあり、見直しの時期に来ている。健康保険組合等の保険者が、被保険者によって主として生計を維持していると認められない場合は、機械的に180万円にこだわる必要はない。国の通知の趣旨は180万円以上の収入がある場合は自立できるので、被扶養者に認定しないことを認めているだけである。

　二つ目は、130万円の収入基準は、平成5年に定めたものであって、税法上の非課税基準や短時間労働者の社会保険適用の拡大に伴い矛盾が生じている。国民年金第3号被保険者の認定にも影響する問題をはらんでいるので、国の統一的な基準が必要である。

　三つ目に、平成5年通知で「実態と著しくかけ離れたものとなり、かつ、社会通念上妥当性を欠くこととなる場合はこの限りではない。」というように、具体的事例を示さず、機械的に通知を適用した場合の不合理を解消するための権限を保険者にあたえている。

　結局、前述の収入基準のとらえ方が曖昧なため、通知では、実態と著しく異なるときは保険者の判断により実態に即した取扱いになる。また、平成5年以降収入限度額（表4参照）の改正は行われていないが、短時間労働者の適用拡大により、被保険者自身の標準報酬月額は認定対象者より低い被保険者（表5参照）がかなりいる。さらには、収入基準額と所得税法の非課税限度額との乖離、高齢者と一般の認定対象者の収入限度額の年齢格差は、いずれも実態とかけ離れている。

【表4】収入限度額の推移

実施時期	限度額	
	一般	障害者・高齢者
昭和48年10月1日	347,500円	
昭和49年4月1日	700,000円	
昭和56年5月1日	80万円	120万円
昭和58年4月1日	〃	130万円
昭和59年4月1日	90万円	140万円
昭和61年4月1日	〃	150万円
昭和62年5月1日	100万円	〃
平成元年5月1日	110万円	160万円
平成4年1月1日	120万円	〃
平成4年4月1日	〃	170万円
平成5年4月1日	130万円	180万円

【注】障害者は障害の程度が障害厚生年金3級相当以上の人、必ずしも、障害厚生年金の受給権者でなくてもよい。高齢者は60歳以上の人をいう。

【表5】被扶養者認定基準以下の標準報酬月額の人員　　（協会けんぽ・等級別）

標準報酬月額	人員	割合	標準報酬月額	人員	割合
第1級 (58千円)	120,556人	0.51%	第5級 (98千円)	275,171人	1.17%
第2級 (68千円)	20,356人	0.09%	第6級 (104千円)	81,161人	0.34%
第3級 (78千円)	64,101人	0.27%	第7級 (110千円)	132,034人	0.56%
第4級 (88千円)	62,607人	0.27%	合計	755,986人	3.21%

協会けんぽ速報平成30年5月現在

Q4 公的扶助や医療保険から休業補償を受けている期間の取扱い

A **失業給付、傷病手当金、出産手当金受給期間は同じ取扱いにすべき**

失業給付、傷病手当金及び出産手当金は、最大給付日数は決まっている。雇用保険の基本手当のみ年間額に換算して、130万円以上の収入となる場合は主として「生計維持なし」という判断にしている。傷病手当金と出産手当金は、協会けんぽと共済組合では取扱いが異なっている。手当金の性格は休業補償という同一のものでありながら異なる取扱いに疑問が残る。また、多胎分娩では雇用保険の基本手当より支給日数が多い場合がある。傷病手当金は、いつ就労できるか明確でないにしろ、資格喪失後の休業補償として支給している以上、被保険者の延長と考えられる。傷病手当金や出産手当金は雇用保険の基本手当と同趣旨であるので、基準額を超える手当金を受給している間は認定すべきではなく、手当金の支給を受けなくなった時から認定すべきである。

 ## 事実上の婚姻関係の意義について

「届出をしていないが、事実上婚姻関係と同様の事情にある者」とは、具体的にどういう場合をさすのか。

また、被保険者の配偶者以外の三親等以内の親族の配偶者も内縁関係を認められるのか。

A わが国の民法では形式婚主義を採用しているので、婚姻は戸籍法の定めるところにより、これを届け出ることによって効力を生ずることになっている。したがって、内縁関係は法律上の婚姻関係ではないが、事実上の婚姻と法律上の婚姻とが一致しない場合の欠陥を救うために婚姻の予約という観念を認め、事実上の婚姻関係を保護してきた。これは、大正4年1月26日の大審院民事連合部判決以来、判例の努力してきたところであり、健康保険でも、この事実上の婚姻関係を法律上の婚姻と同様に取扱うことを規定している。

Comment

単に形式的な婚姻の届出をしていないだけの事実婚を認める取扱いは、健康保険法に限らず、各種共済組合法、社会保険各法の多くに取り入れられている。

ただし、被保険者の配偶者以外の親族の配偶者は法律婚に限られている。

Ⅱ　被扶養者認定 Q&A

 **重婚的内縁関係にある配偶者は被扶養者になれるか?**

A 国民年金や厚生年金保険では、法律婚が形骸化している場合に限って重婚的内縁関係にある事実婚を認めているが、健康保険ではそのような通知がだされていない。しかしながら、法律婚が長期にわたって実態を欠き形骸化している場合や老齢厚生年金の加給年金対象者となっている場合などは、被扶養者に認定すべきと考える。

Comment

実態としては、認定している保険者(健康保険組合)が多い。一夫多妻の制度が認められている国の被保険者であっても、配偶者は一人(先行する配偶者)に限られる。

 **近親婚の関係にある内縁関係は被扶養者として認められるか?**

A 民法の規定により婚姻の届出をしても受理されないような婚姻関係は、被扶養者として認められない。ただし、その他の3親等以内の親族として認められる関係であれば、被扶養者として認定できる。

 **夫のいる娘を被扶養者にできるか？**

娘が学生結婚し、父親が娘夫婦の面倒を見ているが、二人とも被扶養者に認定できるか。

A 本来、独立して生計を営むことができる状態にある成人が婚姻するものであるから、子供夫婦を被扶養者として認定できるのは、結婚後に娘の夫が不慮の事故等で収入を得られなくなった場合など、特殊なケースに限られるものである。

Comment

被保険者である父親と現に同居し、娘夫婦の生活等の面倒を見ている場合は、認定して差し支えないものと考える。

 **離婚して子連れで戻ってきた娘を被扶養者にできるか？**

娘が夫と離婚して子供を連れて実家に戻ってきたが、娘と娘の子を被扶養者にできるか。

A 現に、父親が娘（子）と娘の子（孫）の生活を支えることになっている場合は、被扶養者に認定して差し支えないと考える。ただし、娘の子の生活が、離婚した父親の養育費等の仕送り等で支えられている場合には、被扶養者に認定できない。その辺の実態把握が必要になる。（Q92参照）

Ⅱ　被扶養者認定Q&A　23

 健康保険適用事業所に勤務する妻を被扶養者にできるか？

　妻の勤務する事業所は健康保険の適用事業所であるが、パートだからという理由で健康保険に入れてくれない。年収も130万円未満なので、自分（夫）の勤める会社の健康保険で被扶養者に認定できないか。

 　認定基準からいえば、被扶養者に認定できる。問題は、本来被保険者となるべき人が会社の都合で非適用となり、その結果として被扶養者となることは好ましくない。

Comment

　健康保険法上は被保険者が被扶養者となりえるので、とりあえず被扶養者に認定し、妻の勤務する事業所が適用されている健康保険の保険者又は年金事務所に調査を依頼するなど、被保険者になることを優先して取扱うべきだ。

 **再婚禁止期間中であるが事実上の婚姻関係にある者を被扶養者として認定できるか？**

　被保険者Aから、B女を内縁の妻として、民生委員と事業主の証明書を添付して被扶養者としての申告がなされて来た。調査したところ、B女は前夫Cと離婚後6ヵ月を経過していないため、婚姻届が提出できない事由が判明した。民法第733条「再婚禁止期間」に違反しているもので違法であるが、被扶養者として認められるか。

A　民法第733条の規定が、女性について前婚の解消又は取消しの日から6ヵ月間内の婚姻を禁止しているのは、子の父性確定の困難を考慮して規定されているものと解され、特に反倫理的であるという観点から当該婚姻を禁止したものでないと解されるので、事例のような場合であっても、生計維持関係があるのであれば、被扶養者として認定して差し支えない。

Comment

　再婚禁止期間短縮に関する改正民法が2016年6月7日に施行された。改正点は①女性の再婚禁止期間について離婚の日から6ヵ月であったものが100日へ短縮したこと、②女性が離婚の時に懐胎（妊娠）していなかった場合には再婚禁止期間の規定を適用しないこととした点である。民法改正前であっても反倫理的でないので認めて差し支えない。（Q14、15参照）

Q12 内縁の配偶者の連れ子は被扶養者になれるか?

A 被保険者と婚姻関係と同様の事情にあるが、婚姻の届出をしていないため、法律上の配偶者となっていない者も被扶養者とされる。また、そのような者の子も被扶養者の範囲(P.17)にあるとおり、被保険者と同一世帯に属し、主として生計を維持されていれば被扶養者となる。

Q13 里子は被扶養者になれるか?

A いわゆる里子は、被保険者、その配偶者又は内縁の配偶者のいずれとも民法上の親族関係にないので被扶養者とならない。その里子が被保険者の養子となれば、被保険者の子として被扶養者となる。なお、事実上の養子については、国民年金法では遺族基礎年金の失権事由に該当するが、健康保険では被扶養者の範囲外である。

Q14 正妻を有している者が他に事実上の婚姻関係にある者を有する場合について

　Ａ（男）及びＢ（女）は、共に被保険者で夫婦であるが数年前より別居生活をしている。被保険者Ａは正式な離婚手続をとらずＣ（女）と同居し、２人の間に子供が産れたので、その子を被保険者Ａの認知により被扶養者としたが、Ｃ女も被扶養者として認定できないか。

　なお、Ｃ女は無職無収入で被保険者の扶養を受けている。

A　Ａ及びＢは婚姻の届出がされていながら事実上別居生活（その状態が長期間継続し、当事者双方の生活関係がそのまま固定しているような別居生活）をして婚姻関係が実体を失っており、一方ＡとＣとの関係が社会的に夫婦として評価され、その両性関係が内縁関係として評価されていれば、Ｃを被扶養者と認められる。

Q15 妻以外の同棲中の女性を内縁の妻として被扶養者にできるか？

A　法律上の配偶者のある男子被保険者が他の女子と同棲し、それを扶養しても、その者は被扶養者とならない。健康保険法（第3条第7項第1号）でいう「届出をしていないが、事実上婚姻関係と同様の事情にある者」とは、届出さえすれば法律上の配偶者となり得る者をいうのであって、すでに法律上の配偶者がいるため、重ねて婚姻の届出をすることができない人を含まない。

　また、再婚禁止期間（離婚後100日）を経過していない女子の婚姻、近親者相互間の婚姻、養親子関係の婚姻、不適齢者の婚姻など、民法上婚姻の禁止されている場合には、不適法婚として婚姻の届出ができないので被扶養者とならない。（Q11、14参照）

Q16 被保険者の父の後妻は被扶養者になれるか？

　被保険者Ａの実父Ｂが被扶養者として認定された場合、Ｂの後妻Ｃ（被保険者の継母）もＢと一緒に被扶養者と認定して差し支えないか。なお、ＢとＣは正式に婚姻しているが、ＡとＣは養子縁組はしていない。また、Ｃは60歳未満であるが無職無収入で、Ａ、Ｂと同居しＡの収入により生計を維持している。

　事例については父の後妻と被保険者とは養子縁組をしない限り親子関係は生じないが、一親等の姻族関係となり、健康保険法上の被扶養者の範囲に含まれる。

Q17 養子縁組をした後においても実親又は実子を被扶養者として認定できるか？

次のような事例の場合、被扶養者として認定できるか。
①被保険者が養子縁組し、養父母を被扶養者としている。
　しかし、生家において一緒に生活していた実父が死亡し、生母のみが生存しており、被保険者が実母を扶養している場合におけるその実母。
②被保険者の実子を養子縁組させたが、その養親に扶養能力がないため、養親にかわり被保険者がその子を扶養している場合におけるその子。

　養子縁組をした場合においても、親と子という親族関係には変わりがない。したがって、扶養しているという事実関係（生計維持）の証明があれば、被扶養者として認定して差し支えない。

Q18 養子の子は被扶養者として認定できるか?

障害者であるAは、自分の子(B)を連れて被保険者(C)の養子になったが、自分の子は被保険者と養子縁組をしなかった。自分の子を被保険者(C)の被扶養者とできないか。

A 養子縁組当時に存在する養子の子は、民法上養親とは親族関係に立たないということになっており、BとCとは親族関係になく、BをCの被扶養者とすることはできない。

Q19 再婚により実家に残された子の被扶養者の認定について

離婚により二人の子供(孫)を連れて実家に戻っていた長女(30歳)が、再婚を理由に子供二人を実家に残したまま、家を出て行きました。このような場合、残された二人の孫を被扶養者とすることができるか。

A 基本的に長女(孫の実母、以下同じ)と孫が別居し、孫と実母とは生計維持関係がなく、戸籍上も祖父母の事実上の養子になるなど長女が扶養する義務を負わない状態であれば、孫を被扶養者とすることができる。

また、未成年の子であるにもかかわらず養育を放棄し生計維持関係が認められない場合は、別途、状況確認を行い、実態に則した判断により認定を行うことになる。

Q20 16歳未満の娘の子（被保険者の孫）を被扶養者として認定できるか？

A 民法の規定では、16歳未満の女子は婚姻できないことになっているので、戸籍上は娘を戸籍筆頭者として新戸籍を作成し、子（孫）を入籍することで身分関係の証明が可能になる。

そのうえで、住民登録を行い、被保険者の孫であること及び生計維持関係を申し立てることになる。なお、子の実父の存在や扶養資力・送金の有無等についても確認が必要と考える。

被扶養者（異動）届に添付する書類（証明書）について

 被扶養者の認定にどんな書類が必要か？

「証明書類が必要な者」とは、義務教育を終了している者及び傍系姻族はすべて必要であるが、具体的には次の被扶養者の条件の区分に応じて、それぞれ証明書が異なってくる。

1 収入基準を満たしているかどうかの審査に必要なもの

⑴ アルバイトやパートの短時間就労者の場合

将来に向かって得ると推定される収入額が判る証明書が必要なので、①が必要である。前年から勤めていて毎月の収入が不安定な者は②も必要になる。

① 給与明細書又は労働契約書（写）の提示又は提出が必要である。

② 課税（非課税）証明書又は源泉徴収票を提出する。

⑵ 直近まで働いていた者の場合

最近まで働いていて収入のあった者については、雇用保険等の離職票（証明書）又は受給資格者証を提示する。なお、受給資格者の場合は、「健康保険・被扶養者（配偶者）調書」（P.144）を提出する。

なお、傷病又は出産により退職した場合で、傷病手当金又は出産手当金の支給を受ける場合は、支給額を証する書類等を原本の提示又は写しの提出する。

⑶ 公的年金受給者の場合

公的年金で障害・遺族年金の受給者及び労災から補償年金等を受けている者の場合は課税対象とならないので、課税証明書では収入額の全てが判明しない。したがって、①及び②で確認する。厚生年金基金・企業年金を受給している者についても支給額の判るものを提示する。

① 直近の年金額が判るもの
- ○○年金・年金額改定通知書
- ○○年金・裁定通知書・支給額変更通知書
- ○○年金・支払通知書

② 課税（非課税）証明書

　老齢・退職年金の場合、毎年4月に年金額の改定があるので注意する。また、年金受給権者が60歳以降に退職すると翌月から年金額が改定されるので、課税証明書ではなく、その改定通知書（支給額変更通知書）を提出する。

　なお、65歳からは老齢基礎年金が支給されるので留意する。また、65歳以降も在職老齢年金の支給を受けている場合、70歳前の退職は退職の翌月、在職者は70歳に到達した月の翌月から年金額が改定されるので留意する。

(4)　年金受給者で、かつ、就労者（内職及び自営含む）の場合

　前記の(1)から(3)の証明で該当するものを提出する。

(5)　認定対象者が不安定な自営業者の場合

　配偶者や両親で認定基準額に満たない年収の零細事業を行うものであって、その年の収入見込みが不確定である場合は、前年の収入がわかるもの、例えば納税申告書の写しや課税証明書を提出する。なお、認定対象者の事業が一時的に落ち込んだことだけをもって親族の被扶養者認定を受けることはできない。

(6)　昼間部の高校在学中又は大学生、専門学校生

　在学証明書又は学生証。ただし、学生証は退学しても返納しない者もいるので、緊急時のみ認め、後で直近に発行された在学証明書を添付する。なお、学生に関する証明に代えて、収入に関する証明書（非課税証明書等）を提出することでもよい。

(7)　義務教育終了前の子・孫及び弟妹

　収入に関する証明は必要としない。

2　同一世帯であることの審査に必要なもの

　配偶者の親族等、次の①又は②に該当する者を認定するには同一世帯にあることが必要なので、同一世帯にあることを証明するものが必要になる。また、入院、勉学のための一時的な別居状態にある場合は「やむを得ない事由による一時的な別居であることに関する申し立て書」及び証拠書（次の(2)住民登録上別世帯の場合）が必要である。

① 被保険者の三親等以内の親族（叔父・叔母等）

② 被保険者と内縁関係にある配偶者の父母及び子又は内縁関係にある配偶者が死亡した後の父母及び子

具体的には、次の区分により取り扱う。

(1) 住民登録上同一世帯の場合

　住民票（全世帯員）の写し（全世帯員とするのは認定対象者以外の扶養義務者の有無及び家族構成を確認のため）

(2) 住民登録上別世帯の場合

　① 別世帯であることの理由書（止むを得ない別居か否か判別するため）

　② 被保険者及び認定対象者の住民票（全世帯員）

　③ 遠方の大学に通っている学生の場合は、家主又は寄宿舎の管理人の証明等

　④ 単身赴任により被保険者が別居している場合は、会社の証明等

　⑤ 仕送り等の証明

　　現金書留封筒又は振込書の控え、通帳（写し）

　　なお、手渡しは、緊急時に限って認め、後日速やかに前記の証明の提出を求める。

3　主たる生計維持に関する審査に必要なもの

　下記の①から⑥のいずれかに該当するような場合、民法上の親等の近い扶養義務者がいたり、他の親族の給与上の家族手当支給者だったり、他の親族の税法上の扶養控除対象者、又は公的年金の加算額対象者となっている場合は、原則としてその親族の加入する医療保険制度の構成員となるべきなので、世帯全体の収入構成・家族構成を総合的に判断するため、「健康保険・被扶養者（配偶者）調書」（P.144）の添付が必要と考える。

　① 収入のある両親と同居する弟妹を兄が扶養する場合

　② 収入のある父がいるのに母を扶養する場合

　③ 収入のある父母（祖父母）がいるのに祖父母・曽祖父母を扶養する場合

　④ 他に収入のある兄弟がいるのに父母を扶養する場合

　⑤ 妻の親族を扶養する場合

　⑥ 被保険者の標準報酬月額が認定対象者の収入より少ない場合

⑦　認定対象者を複数の家族と共同して扶養している場合

4　事実上の配偶者の認定審査に必要なもの

事実上配偶者と同様の事情にある者の認定に当っては、次の点に留意する。

①　被保険者及び認定対象者の戸籍謄本又は抄本を添付させ、法律上の配偶者の有無を確認する。

②　健康保険法上は、同居を必要としないが通い婚のような状態は認められないので、「やむを得ない事由による一時的な別居であることに関する申立て書」を提出させ、一時的な別居であることを確認する。

5　被保険者の標準報酬が低額である場合の審査に必要なもの

被保険者の標準報酬月額及び標準賞与額の合算額が低額で、認定対象者の収入額を下回るような場合は、被保険者の標準報酬以外の収入に関する証明「健康保険・被扶養者(配偶者)調書」(P.144)を提出させ、生活実態を確認し総合的に判断して認定する必要がある。

なお、被扶養者より収入が少なくて、他に収入がない場合は、被保険者が主として扶養しているとは言いがたいので被扶養者として認定できない。

平成19年4月からは、標準報酬月額の下限が58千円となったことから、このような事例が増えているが、取扱いに慎重を期する必要がある。

# 被扶養者の認定（再確認）はどのような方法で行われるか？

それぞれの健康保険組合の取扱規程に基づき行われるが、各保険者においては、概ね次の要領で行われている。

⑴　被扶養者の認定（再確認）方法

　被扶養者（異動）届に基づき被扶養者の認定（再確認）時に必要な証明書等を添付し、認定（再確認）を受ける。

⑵　被扶養者調書（配偶者及び子以外の被扶養者がいる場合の取扱い）

　配偶者及び子以外の被扶養者がいる者については、同一世帯に属する被扶養者以外の親族の収入実態及び主として被保険者によって生計を維持しているかどうか確認の必要があるので、「健康保険・被扶養者（配偶者）調書」（P.144）が必要である。

⑶　夫婦共同扶養の場合の被扶養者調書

　被保険者又は他の被用者保険の加入者となっている配偶者と共同して、子又は孫を扶養する場合についても、「健康保険・被扶養者（配偶者）調書」（P.144）の添付が必要である。

学校が夏休みで「在学証明書」を取れない場合はどうしたらよいか？

学生証のコピー又は非課税証明書（市町村発行）を提出することになるが、保険者（健康保険組合など）の求める証拠を相談のうえ提出する。

 離職証明がとれない場合の認定申請について

　妻の勤める会社が倒産し退職することになった。現在、社長が行方不明のため、退職が確認できる証明書を取れない状況である。まだハロー・ワークと相談していないが、被扶養者の認定申請を行うためには何を提出すればよいか。

　今回のような状況での提出書類は、大きく分けて以下の二通りのパターンが考えられる。

⑴　雇用保険に加入していた場合（P.144参照）
　雇用保険の受給終了又は未受給が確認できるものを提出する。
⑵　社会保険（健康保険、共済組合、雇用保険）全てに加入していなかった場合
　自分の働いていた会社が倒産したことがわかるもの、雇用保険未加入が確認できるもの、又は念書（理由書等）等を提出する。

 住民登録してない学生の場合の遠隔地証明書について

　学生であるが、寄宿先に住民票を移していない。遠隔地被扶養者証の交付を受けるためには、どんな証明書が必要か。

　住民票を添付できないときは、寄宿先の大家（家主）、マンションの管理人等、居住していることを証明する書類が必要である。なお、寄宿先に定住している場合は住民登録を行ったうえで届出ることを示すことも必要である。

両親がいる弟妹に送金している場合の証明書について

両親が年金生活に入って余裕がないため、親元を離れて一人暮ししている学生の弟に私が送金している。私の被扶養者にすべきだと思うが、どんな証明が必要か。

扶養義務のある両親がいても、あなたが実際に弟を扶養しているのであれば、あなたが「主として被保険者に生計を維持されている」の被保険者にあたるので、この辺の事情を記載したあなた自身の申立書「健康保険・被扶養者（配偶者）調書」(P.144)を添付する。

別世帯にある内縁の妻の場合の証明書について

内縁関係（未届）の妻がいるが、現在、住民票では別世帯になっている。扶養認定されるには、どんな証明が必要でしょうか。

別居している内縁関係（未届）にある妻であっても被扶養者として認定できるが、同居しているのであれは、住民登録を済ませ同一世帯の住民票を提出する。また、重婚的な内縁関係でないことを証明するため、双方の戸籍抄本を添付する。

また、一時的に同棲しているだけで、婚姻の意思のない男女関係にある場合は、内縁関係にある配偶者とは認められないので、止むを得ない事由（単身赴任・入院等）により一時的に別居していることが事実の場合は、その理由等を申立てる。

民生委員の証明の効果について

非課税証明書ではなく、民生委員の証明書ではいけないのか。

民生委員は、同一の所帯であることを確認できても、収入の把握は無理との判断がなされ、大都市の民生委員は無収入の証明をしていない。したがって、民生委員に無職無収入の証明を求めるのは無理と思われるので、市町村長の発行する課税又は非課税証明書で収入額を確認する。また、非課税の収入もあり得るので、障害年金、遺族年金、労災の補償年金等の有無についても確認する必要がある。

年金証書の写しの効果について

親が年金受給者である場合、年金証書の写しではいけないのか。

証書は最初に決定された年金額が表示され、その後に改正されている場合がある。そのため、現在の受給額がわからないので、直近の年金額改定通知書（又は支払通知書）の提示又は写が必要である。また、年金以外の収入がある場合は、課税証明書が必要である。

 援助を手渡しで行っている場合の証明について

別居している親に生活費を手渡しで行っている場合はどのような書類が必要か。

A 一般に親族間で手渡したことを証することは難しい。家計簿等が証拠となる場合も考えられるが、プライバシーの問題もあるので、現金書留又は銀行口座等に振り込む方法に代えて、控えを添付すべきものと考える。

海外に居住する外国人を被扶養者にする場合の証明について

海外に居住する外国人を被扶養者とする場合は、どんな証明が必要か。健康保険組合の取扱規程で、扶養手当の支給を受けているものについては、「被扶養者申告書」に事業主又は給与事務担当者の証明印を受けて提出するものとされている。

A 扶養手当受給要件を備え、かつ、現に扶養手当を受けている親族を被扶養者として認める場合の手続は、被扶養者申告書に扶養手当受給証明があればそれで差し支えないものと考える。

ただ、明らかに扶養手当の支給がないものと健康保険組合で認めた場合等、必要なときは、事業主等と連絡をとり、双方協議の上、互いに調整する必要がある。もちろん、健康保険組合は、事業所とは別個の立場から被扶養者認定の可否を自主的に決定するが、事務の簡素化という面から、原則として扶養親族は被扶養者として、特に現地の証明等を提出する必要はないと考える。仮に、被扶養者の住む現地の公的機関の証明が取れる場合は、それを提出させることに越したことはない。

Comment

外国に居住する被扶養者の取扱いは、平成30年3月22日保保発0322第1号厚生労働省保険局保険課長から健康保険組合理事長あて通知によるので参照されたい。(P.113参照)

なお、厚生労働省は外国人労働者の受け入れ拡大に伴い、「国民年金第3号被保険者は日本国内の居住を要件とすることの検討に入る。健康保険は外国人労働者の扶養家族に国内居住要件を設ける方向で法改正を検討しているので、法改正等が整うまで前記通知によるものとする。

Q32 別居している者を扶養している証明の方法について

別居している親族について認定する場合、送金の証明が必要と思うが、1月に1回位直接手渡しているようなとき、いかなる証明を出せばよいのか。

A 原則として送金等の証明が必要であるが、設例の場合に第三者の証明は、いささか無理かと考える。
したがって、このような場合は、別居している親族を扶養しなければならない理由等をよく確認し、本人が扶養しなければならない理由が社会通念上妥当と思われるのであれば、別居者から扶養されている旨の念書等を提出させて認定するより方法がないと考える。ただし、次の検認の時までに手渡しではなく送金の証が残る方法（書留又は口座振込）をとるよう条件を提示すべきである。

Q33 非課税証明書の記載事項に関する疑義について

役場から交付された「非課税証明書」を健康保険組合に提出したところ、非課税となった理由のみが記載表示されており、その計算の基となる収入金額及び所得金額の表示がないものは証明書として受け取れないと言われた。このような場合、どうすればよいか。

A 市町村民税の確定申告を行っていない人については、「非課税証明書」に通例的取扱いで非課税であることのみが表示されるが、市町村民税申告の必要がない人でも、自主的に届出をすれば「所得証明書」に収入額が表示されることになるため、必要手続きを行い収入金額が載っている証明書を提出する。

認定基準の具体的取扱い（運用）について

Q34 健康保険法第3条第7項の「主として」とはどの程度か？

A 「主として」の解釈については、従来「たとえば、一定額以上の収入のある者は被扶養者としないというような画一的な取扱いをすることは適当ではなく、個々の具体的事例に応じて判断すべきである」とされていたが、保険者によっては、その判定に差異が生じていたことから、昭和52年4月6日付の通知（保発第9号、庁保発第9号、厚生省保険局長及び社会保険庁医療保険部長）により、次の認定要領を参考として被扶養者の認定を行うこととされた。

なお、この取扱いは、認定を行うに際しての基準となる考え方を示したものであるので、実態と著しくかけ離れたものとなり、社会通念上妥当性を欠くことと認められる場合などは、生活の実態等具体的事情を十分勘案し、もっとも妥当と認められる取扱いをするよう配慮しなければならないものである。

認定要領

認定対象者が被保険者と同一の世帯に属する場合には、認定対象者の年間収入が130万円未満（認定対象者が60歳以上の老年者である場合又は概ね厚生年金保険法による障害等級3級以上の障害年金の受給要件に該当する程度の障害者である場合には、180万円未満）であって、かつ、被保険者の年間収入の2分の1未満である場合は原則として被扶養者に該当するものとする。

また、認定対象者が被保険者と同一世帯に属していない場合は、認定対象者の年間収入が130万円未満（認定対象者が60歳以上の老年者である場合又は概ね厚生年金保険法による障害年金の受給要件に該当する程度の障害者である場合にあっては180万円未満）であって、かつ、被保険者から援助による収入額より少ない場合には、原則として被扶養者に該当するものとする。

健康保険組合や共済組合における収入の対象と基準額について

被用者保険において、被扶養者の収入認定の対象となる所得はどのようなものがあるか。

A 扶養(家族)手当受給対象者として親族を届出る場合及び被扶養者として申告する場合の収入認定の対象となる収入(所得)は、課税対象であるか非課税対象であるかを問わず、恒常的な収入(所得)すべてが対象となる。

①給与所得、②事業収入、③利子所得、④株式配当及び売却利益、⑤公的年金、⑥雇用保険失業給付(基本手当等)、⑦傷病手当金、⑧出産手当金、⑨労災の各種補償年金、⑩企業年金、⑪個人年金

【注1】給与所得者(職員)の収入額は総収入であって、各種手当を含む給与支給総額(控除前のもの)になる。

【注2】自営業者の収入額は、その収入を得るのに直接要した費用を差し引いた残りの所得になる。ただし、恒常的でない一時所得(退職金、宝くじ等)は収入に含まれない。

【注3】その収入を得るのに直接要した費用とは、原材料費及び人件費(自分自身を除く。)運搬費等の最低必要な経費をいう。なお、交際費や通信費、宣伝費、原価償却費、損金等を含まない。

【注4】援助額(仕送り額)とは、現金送金額のほか定期的に負担する医療費や老人ホーム等の施設の費用の支払がある場合も含め、被保険者(又は組合員)が負担した額の総額になる。

 学生アルバイトの認定基準について

　学生のアルバイト収入が認定基準を超えている場合は、被扶養者として認められるか。

A　「主として被保険者の収入により生計を維持するもの」に該当するかどうかで被扶養者を認定する。原則的には、昼間部の学生は被保険者の収入により生活していれば、被扶養者と認められるが、就職している夜間部の学生や、昼間部の学生でも新聞配達等のアルバイトで収入があって被保険者の収入を頼らずに生活している場合は、被扶養者とは認められない。

 収入のある複数の家族を同時に認定する場合の基準額について

　健康保険の被扶養者として認定する場合の収入基準額は、どのようになるか。

A　認定基準額は、通知2（P.101参照）に基づき認定するが、実際の認定に当っては、同居・別居の別、被保険者の収入額、仕送り額の多寡により客観的に認定することになる。
　具体的には、認定対象者は被保険者の年収の2分の1未満であることを必要とするが、被扶養者となっている親族が認定対象者以外にも存在する場合は、被保険者によって生計を維持する被扶養者数によっても異なってくる。
　例えば、認定対象者（母）が130万円未満であっても、被保険者の年収が150万円程度で、配偶者や子供がすでに被扶養者となっている場合は、客観的にみて被保険者の収入で母を扶養できるとは思えないので、認定しないのが自然である。

Q38 妻が短期間パートとして働いた場合の認定について

現在、妻は被扶養者に認定されているが、半年ぐらいの予定でパートで働くことになった。被扶養者の取扱いはどうなるか。

A 短時間・短期間就労も労働形態の一つであるので、平均月収を12倍した額が130万円を超えれば、たとえ半年の勤務であっても、基準額以上の収入を得ている間は被扶養者として認められない。ただし、平均月収を12倍した額が130万円未満のときは被扶養者と認められるが、当該事業所の常勤労働者の4分の3以上稼働する場合は、被扶養者自身が被用者保険制度の被保険者となる。

Comment

平成28年10月1日からは同一法人内で501人以上被保険者(4分の3未満の短時間就労の被保険者を除く。)を擁する法人は、短時間就労者(週20時間以上勤務、その他条件あり)についても健康保険に加入しなければならない。また、平成29年4月からは、地方公共団体など500人以下の法人であっても、労使の合意があれば健康保険に加入することになり、認定の際は留意が必要である。なお、会社から支給される家族手当は、健康保険の被扶養者と連動している企業もあるが、短時間労働者の適用拡大に伴って緩和している企業もある。

両親の合算した年金収入が280万円を超える場合の認定について

　両親と同居し、父親の年金収入（60歳以上）は、190万円である。母親の年金収入が90万円と少ないため、両親の収入を合算しても280万円である。母親だけでも被扶養者にできないか。

A　母親が主として被保険者の収入により生活している場合は、認定される。
　ただし、被保険者からの援助が小遣銭程度の場合は、主として被保険者の収入により生活していると認められないので、父親の方の被扶養者となる。
　また、母親が自分の収入のみでは生活できなくとも、父の収入を合わせて生活できる場合は、両親自身の収入で生活できることになるので、厳密にいえば、この場合は被扶養者として認定できないが、実情を調査の上、ケースバイケースで認定することになる。

企業年金を一時金で受け取った場合の認定について

企業から支給される「企業年金」を一時金で支給を受けた場合は、被扶養者として認定できるか。

A 一時所得、退職金については、恒常的な収入として認められないため、収入に算入されないが、退職金又は一時所得を金融機関に預けた場合の利子収入、株を取得した場合の恒常的な配当を受ける場合は、その利子配当についてのみ収入として認定されるべきと考える。

Comment

一時金が収入認定基準を超える場合は、向こう１年間被扶養者として認定しない健康保険組合もある。厚生労働省の指導により、現に収入がなく被保険者の収入により生計を維持している場合は、資産や一時所得があっても被扶養者とすることとしている。

年額130万円の収入(所得)の意味について

年額130万円程度の所得についてみる場合、所得税法上の「所得」とは給与所得控除後の金額をいうこととなっているので、給与所得者は、給与所得控除後の金額を健康保険法上の所得とみて差し支えないか。

A 被扶養者の認定にあたっての収入額又は所得額の算定は、所得税法上の所得額の計算とは異なり、扶養認定対象者の年間における総収入金額(資産所得、事業所得等で所得を得るために修理費、管理費、役務費等の経費の支出を要するものについては、社会通念上明らかに当該所得を得るために必要と認められる経費に限り、その実額を控除した金額)によるべきものとされている。

したがって、給与所得者は、給与所得控除前の金額(総収入金額)によって認定することになり、自営業者等は最低限度の必要経費を控除した後の金額(粗利)によって判定することになる。

Q42 年収130万円未満の基準の絶対性について

130万円未満(障害者及び60歳以上の高齢者は180万円)の被扶養者認定における収入基準は絶対的条件か。単に収入基準だけで被扶養者を認定しない場合もあるのか。

A 医療保険各法では、被扶養者の範囲を「主として被保険者の収入に依り生計を維持するもの」と規定している。主として被保険者の収入により生活しているか否か客観的に判断し、被扶養者認定を行うことになる。なお、次のような事例は、単に収入基準だけで判断をすると、実態にそぐわない場合が生じるので、被保険者の収入と扶養すべき親族の収入及び同一世帯に属する他の親族の収入等を勘案して客観的に判断して認定する。

① 父が母を扶養し、父の老齢年金の加給年金対象者である母を子の被扶養者とする場合
② 就職している夜間部の学生を被扶養者とする場合
③ 重婚的内縁関係にある配偶者を被扶養者とする場合
④ 他に主たる生計維持者がいる者を被扶養者とする場合
⑤ 扶養義務者が共同し、折半で生活費を負担しているため、認定対象者の生活費の半分を負担している主たる生計維持者が明確でない場合

Q43 年収130万円は認定の目安でよいのか？

A 年間収入基準額の130万円は、全国一律に定められたものであるので、地域によってこの額そのものを変更することは適当ではない。しかし、地域によっては、年間収入基準額130万円を基準とすることが実態と著しくかけ離れることとなる場合には、個別に判断して処理するのが適当と考えられる。

Comment

特に海外居住者等については、収入を単に邦貨換算して130万円未満であることだけで認定すると、実態と著しくかけ離れることとなる場合が生じる。出入国管理法（入管法）の改正により外国人労働者が増えることが予想されるため、厚生労働省では海外居住者の被扶養者の取扱いについて新しい基準を検討している。

Q44 年の途中で月収が変動した場合の年収の算定はいつの時点とすべきか？

A 認定対象者が被保険者の被扶養者であるかどうかは、その者が置かれている状況によって判定されるものであるから、年間収入の算定についてもできるだけ直近のものをとるのが望ましい。一般的には、前年の年間収入によって現在の状況を判断しても差し支えない。

なお、短時間就労者の場合、勤務時間や日数の変動により月収が増減する場合もあるが、年間を通じて収入基準を超えている場合は、退職しない限り被扶養者として認められない。

Comment

回答のような取扱いをせざるを得ない理由として、月々の収入が変動する不規則な勤務形態の場合は、月収を12倍した年収に基づき認定すると、頻繁に年収換算額が変動することになるので、一時的に年収換算で130万円未満に減収したとしても認定すべきではなく、逆に一月だけ年収換算で130万円を超える月があっても、同一の職場で働く限り130万円を超えることが見込まれない場合は、被扶養者として認定すべきである。平常月の勤務状況を把握するため、数ヵ月間の給料明細書の写し、就業規則や労働契約書の写しを提出させ事実を確認すべきである。

調査により認定基準からはずれた者の資格喪失はいつか？

いつから被扶養者でない取扱いとするかについて別段基準はないが、調査を行った時点からあまり遅れることは望ましくないと考える。なぜならば、一部共済組合では運用方針により、被扶養者認定基準に該当しなくなった時点まで遡及しているケースもあり、死亡、離婚、養子縁組の解消など、法的に被扶養者となりえない場合を除いてむやみに遡及して被扶養者から削除することは好ましくない。

理由として、例えば義務教育終了前の子を、母方の保険者が保険者独自の認定基準を理由に遡及して削除した場合に、保険給付費を返納する必要も生じる。その場合に、父方の保険者と被扶養者の押付け合いが生じる可能性がある。したがって、被扶養者の検認（確認）を毎年行って遡及削除が生じないように各保険者が努力を払うべきである。

ただし、死亡、離婚、養子縁組の解消など明らかに被扶養者の範囲から除外されるべき事実が公簿上確認できる場合は、遡及して被扶養者から削除して差し支えない。

農業従事等自営業者の収入の認定はどのようにすべきか？

農業専従者・自営業者の人を被扶養者として認定することは原則として認められない。ただし、配偶者が内職的に事業を行っている場合についての収入額は、当該所得を得るために要した最小限の経費を控除した額とする。また、アルバイト的に農業や自営の手伝いを行って得た収入額は、給与所得者と同じく各種手当を含めた給与支給額（控除前のもの）とする。（Q47参照）

 ## 自営業者の必要経費は不公平ではないか?

A　収入認定の対象となる所得の範囲は、給与所得者は総収入、自営業者は必要経費を差し引いた残りの所得(粗利)となっている。
このような取扱いとする理由は、収入認定の対象とする所得の範囲を、生計維持するために投入し得る所得額としているからである。

また、自営業者の場合には、生産活動に直接要する経費を差し引いた残りの額が生計を維持するために投入し得る所得額とみなされる。

しかし、必要経費というと、給与所得者にも必要経費はあるのだから、これを差し引いて認定すべきであるという議論があるが、自営業者について差し引く必要経費とは、所得税法上の必要経費とは異なり、最低必要限度の経費(生産活動に要する原材料等)をさすものであって、給与所得者のいわゆる基礎控除(必要経費)とは性格を異にする。

Comment

独立して事業を営む者が一時的な経営不振を理由として、親族の健康保険の被扶養者として認定を受けることは、法の目的から原則として認められない。

しかしながら、小規模事業で前年の売上総額が130万円未満であるような場合は、仕送り等の実態、将来に向かっての事業の継続性を勘案して認定する場合もある。ただし、自営業の場合の収入の認定は、給与所得者とのバランスや公平性を期するために、課税対象額ではなく、粗利を収入とみなして認定する。

なお、健康保険の被扶養者の収入認定では、売上総額から次の最低必要限度の経費を控除したものとする。

①　原材料費又は仕入れ価格
②　原材料の運搬費又は仕入れた商品の運搬費

③ 人件費（他人を雇用した場合に限る。）

なお、通信費、宣伝・広告費、光熱費、接待費等は、売上に直接擁する費用ではなく経営者の手腕によるところが大きいいので、原則として経費から除外される。

Q48 父の年収は130万円以上なので、母だけを被扶養者にできないか？

A このような場合には、母親の生計が主としてどちらによって維持されているか、個々の家計の実態及び社会通念上の常識的判断により、認定すべきであると考えられる。

Comment

父に母を扶養できるだけの収入（資力）がある場合は認定できないと考える。

Q49 公的年金を受けている高齢の両親を被扶養者として認定する場合はどのように行うか？

A 収入のある父について、収入基準に該当するかどうかを判定し、その母については、その者の生計が主としてどちらにより維持されているかを判定するのが適当と考えられる。

したがって、一律に夫婦一体として、被扶養者としたり又は被扶養者にしなかったりという取扱いは適当ではなく、家計の実態を考慮して判断する必要がある。

Comment

配偶者が老齢厚生年金の加給年金額の対象となっている場合や税法上の扶養控除の対象になっている場合は、他制度の趣旨を尊重し、他制度の運営を損なわないよう配慮して矛盾のない取扱いをすべきである。例えば、老齢厚生年金の受給権者が死亡したときに、子の被扶養者に認定されているのでは、夫の死亡を理由として遺族厚生年金の権利を主張しづらくなる。

# 被扶養者の階層別・認定区分について

被扶養者の資格として、配偶者、障害者、満16歳未満、満60歳以上であることを要することの意味はなにか。

A このような取扱いの根拠は、昭和24年に「被扶養者の範囲は、最近広範囲に取扱われている傾向が認められるが、もっぱら（現在は"主として"に改正）被保険者によって生計を維持する者とは、通例、配偶者、満16歳未満の子及び孫、満60歳以上の父母及び祖父母並びに障害者と考えられるので、それ以外の者については、特に厳格にこれを取扱うこととする」旨の通知（昭和24年4月保発第25号）が出されたことによる。これは、被扶養者をこれらの者に限る趣旨ではなく、これ以外の者については、通常、稼得能力があり自ら収入を得ることができるので被扶養者の認定にあたって特に生計維持関係を厳密に審査し、それを確認したうえで認定すべきであるというにすぎない。

60歳以上と60歳未満では収入認定基準がなぜ異なるのか？

収入認定基準では、障害者と60歳以上の高齢者が180万円未満とされているが、定年制の延長や平均寿命の延伸などを考えると65歳以上に見直すべきではないか。

A 障害者や高齢者は就職に困難なケースが多いため、収入認定基準を緩やかにしているもので、機械的に認定せず実態に即した認定をする必要がある。したがって、厚生労働省が取扱いを変更していないので、年収180万円を基準に認定しても誤りではないが、主として被保険者に生計を依存していない者まで収入基準以下を理由に認定することを意味しない。

Comment

Q3でも述べているように、厚生労働省の収入基準に関する通知は暫く改正されておらず、現在の社会・経済の実態に合った収入認定基準ではないので、単に収入が180万円であるかないかの確認でなく、被保険者に生計を維持されているかどうかの確認が必要である。

被扶養者の認定日はいつか？

被扶養者の認定年月日は、届出の日になっているが、事実に基づいて遡及認定されないのか。

A　「被扶養者となった日」と「保険者の認定日（決裁日）」は、届出が遅延した場合、異なるのが通例である。それでは、いつから被扶養者として有効かと言えば、事実の発生した日になる。

ただし、事実の発生を確認できる証明書類の添付がなければ遡及して被扶養者として認められないことになる。

なお、被扶養者として認定を受けるのは、健康保険証に被扶養者として記載（被保険者証がカード化されている保険者では被扶養者用の被保険者証が交付）され、これを保険医療機関の窓口に提示することにより保険給付を受けることが目的であるから、本来遡及して認定する必要がないものである。そのため、不認定に被保険者が不服であっても、健康保険法に基づく社会保険審査請求もできないことになっている。けれども、被扶養配偶者の国民年金第3号被保険者の取扱い等を考慮すれば、事実に遡って認定すべきと考えられる。（【注】国民年金法では、第3号被保険者資格に関する不服は、社会保険審査請求の対象となる。）

ちなみに、健康保険法の特別法的位置づけの国家公務員共済組合法第53条第2項（被扶養者に係る届出及び給付）では、次のように規定されている。

『被扶養者に係る給付は、新たに組合員となった者に被扶養者となるべき者がある場合には、その者が組合員となった日から、組合員に前項第1号に該当する事実が生じた場合にはその事実が生じた日から、それぞれ行うものとする。ただし、同項（第2号を除く。）の規定による届出がその組合員となった日又はその事実の生じた日から30日以内にされない場合には、その届出を受けた日から行なうものとする。』

Q53 年金受給権者となった場合の被扶養者削除日について

年金を受けられる年齢にもかかわらず年金を請求せず、息子(被保険者)の被扶養者に留まっている者を被扶養者から削除できないか。また、遡って年金が支給された場合は、受給権発生の翌月まで遡及して削除できないか。

A 厚生労働省の通知等によると、年金の支給が遅れ、現に収入がない場合、年金の支給が実際に開始されるまで被扶養者として認めざるを得ない。ただし、年金受給を法律に基づき辞退している場合を除いて、単に被扶養者になるために請求を故意に遅らせている場合は、年金を請求し年金額を証するものを提出しない限り、被扶養者に認定しない手段を講ずることも必要である。

 被扶養者の届出があった日と認定すべき日について

新たに被扶養者の要件を備える者が生じたことに伴う被扶養者の認定の効力については、事実の発生日でよいか。また、事業主が健康保険組合に提出が遅れた場合は被保険者が事業主に届けた日でもよいか。

 事業主を経由して届出る場合において、事業主から保険者への提出が遅滞したとしても、事実を確認できる場合は、認定日を遡及しても差し支えない。

Comment

認定日は本来決裁日であり、それ以前は、健康保険証(家族証)は未交付であり、保険医療機関で療養の給付は物理的にも受けられない。実際の認定日と被扶養者となった日(遡及認定日)は異なるので、レセプト点検事務においては、注意が必要である。

 兄弟3人で母を扶養している場合の認定について

田舎で一人暮らしをしている70歳の母に兄弟3人が毎月仕送りをしているが、母の生計費の3分の1をそれぞれ負担している場合、誰の被扶養者とすべきか。

全く同額を送金しているのであれば、兄弟の協議書を添付していずれかの保険者の被扶養者とすべきであろう。兄弟3人の協議が整っても保険者同士の協議が整わない場合は、夫婦共同扶養の場合と同様に、社会保険各省連絡協議会(Q55)において決定されることになる。

 学生である被扶養者が就職をした場合の被扶養者資格の喪失時期について

　学生として被扶養者の取扱いを受けていた者が、学校を卒業して就職し年収130万以上となった場合、被扶養者として失格するのは、卒業の翌日からか、就職したその日からか。
　なお、卒業前に就職したときはいつからか。

 どちらも就職した日（健康保険被保険者となった日）より被扶養者としての資格を失う。

 各種学校の学生の被扶養者の認定方法について

　学校教育法第1条に規定する学校の学生は、満18才以上であっても通常稼働能力がないものとして被扶養者の認定が行われることとなるが、予備校、各種学校の学生で勉学のため稼働できない事情にあるときは、その扶養の事実等を具体的に調査確認して、学校教育法第1条の学校の学生と同様、被扶養者として認定処理して差し支えないか。

 学校教育法第1条の学校の学生と同様に認定処理して差し支えない。

Ⅱ　被扶養者認定Q&A　61

 夫婦共同扶養の場合による被扶養者の認定について（実子を共同扶養している場合）

夫婦が共同して扶養している場合、取扱いの基本方針はどうなっているのか。

 社会保険各省連絡協議会（昭和60年6月12日）で協議した結果、次のように取扱うこととなっている。

（通知）夫婦共同扶養の場合における被扶養者の認定について
⑴ 夫婦共同扶養の場合における被扶養者の認定にあたっては、家計の実態、社会通念等を総合的に勘案して定めることが必要であるが、具体的には次により処理するものとする。
　① 被扶養者とすべき者の員数にかかわらず、年間収入（当該被扶養者届が提出された日の属年の前年分の年間収入とする。以下同じ。）の多い方の被扶養者とすることを原則とすること。
　② 夫婦双方の年間収入が同程度である場合は、被扶養者の地位の安定を図るため、届出により主として生計を維持する者の被扶養者とすること。
　③ 共済組合の組合員に対しては、その者が主たる扶養者である場合に扶養手当等の支給が行われることとされているので、夫婦の双方又はいずれか一方が共済組合の組合員であって、その者に関し、扶養手当又はこれに相当する手当の支給が行われている場合には、その支給を受けている者の被扶養者として差し支えないこと。
　④ 前記の①ないし③の場合において、この取扱いにつき被用者保険関係保険者（共済組合を含む。）に異議があるときは、とりあえず年間収入の多い方の被扶養者とし、その後に関係保険者間における協議に基づき、いずれのものの被扶養者とすべきか決定すること。

Q59 夫婦共同扶養の場合において妻の被扶養者と認定すべき事例について（両親を共同扶養）

　夫婦とも同一健康保険組合の被保険者であり、夫の標準報酬の基礎となる賃金は368,000円、妻は349,500円である。妻の実父母（60歳以上）が家庭の事情により同居しているが、夫妻の結婚の条件として、妻の実父母にかかる生活費等一切の費用は妻が負担するということをもって、妻の給与規定上の扶養親族の認定を受けている。この場合、妻の被扶養者と認定してよいか。あるいは、生計を共にしていると認められ、事実上共同してその父母を扶養しているものと考えられるので、主として夫の収入により生計を維持しているものとして、夫の被扶養者とすべきか。なお、夫妻の子供は夫の被扶養者と認定されている。

「妻の給与規定上の扶養親族の認定を受けている」のであれば、妻の健康保険の被扶養者として認定すべきと考える。

Comment

　蛇足であるが、付加給付や保健事業の内容又は被保険者の都合で保険者を選択できない。
　例えば、保育園に送り迎えを妻が行っているから未就学児童は妻にというような希望がある。現在では、ほとんどの保険者において被保険者証のカード化が進み、被扶養者ごとに被保険者証（カード）が交付されるので、この問題は解決している。

Ⅱ　被扶養者認定Q&A

夫婦共同扶養の被扶養者の認定について（家族手当が支給される場合）

　夫婦共働き世帯が子供（18歳未満）を扶養する場合で、妻が他の会社で社員として働いており、その会社では家族扶養手当（約2万円／月）の制度があることから、その受給資格を満たすため税法上の扶養親族の申請をしている。現在、税法上は妻の扶養親族で、健康保険は夫である私の被扶養者になっているので、それぞれの制度への届出内容が違っているが大丈夫か。

A 　健康保険では生計維持関係を判断する場合に「生活実態を十分確認すること」とされている。この事例のような場合には、妻が会社に申請を行い家族手当の支給を受けていることから、この世帯の中で手当の対象となる子供との生計維持関係は妻の方が強いと考えられるので、家族手当の支給されている妻の被扶養者となる。

 被保険者の父に収入がある場合の母の被扶養者資格について

父に年金等の所得があり、その額が360万円(180万円×2人)を超える場合には、母は父に扶養されているので、母は被保険者(子)の被扶養者に認定できないと思うが、どうか。

A　一般論としては、父に扶養資力(60歳以上の親族を認定する場合の収入基準の2倍)がある場合は、被保険者と二世代同居の世帯であっても、父の加入する健康保険の被扶養者又は国民健康保険制度の加入者とすべきだろう。また、被保険者と別居している場合には、当然に仕送りをしていなければ生計を維持しているとは認められない。ただし、父の所得が360万円を超えることのみをもって、母を被扶養者として認定できないとするのは妥当でなく、母を被保険者の被扶養者として申請する理由、生活実態等を総合的に勘案して決定すべきと考える。

 雇用保険から基本手当が支給されている場合の所得基準額の算定について

雇用保険から基本手当を受けている人で、その額を年額に換算したものが130万円程度以上とならない人は、被扶養者とすることができると解されるが、年額を換算して求める場合は、支給される基本手当日額に25日を乗じて月額を求め、それに12月を乗じて得た額をもって年額としてよいか。

 基本手当の日額を30倍した額が月額相当と考える。

失業給付（基本手当）の受給者を被扶養者として認定する時期について

被保険者の妻が会社を退職し、雇用保険の基本手当（日額×360日≧130万円の場合）を受け終わった場合、被扶養者として認定する時期はいつか。また、待期期間はどのように解釈すればよいか。

A 基本手当受給期間終了日の翌日、又は所定給付日数を全て受給しないまま求職活動を中止した場合には最終受給日の翌日で認定する。なお、待期期間がある場合であっても、引き続き基本手当が支給される場合は認定しないが、待期期間（7日）と給付制限期間（3ヵ月）により無収入の期間が生じて、被保険者により生計を維持していた場合は、当該期間を認定してもよい。

ただし、自己都合等認定対象者に責のある離職により基本手当の支給制限を受ける人を、安易に被扶養者として認定することによって、雇用保険制度の円滑な運営を阻害する場合もあるので、その辺の事情を考慮する必要もある。また、成人している子や孫を単に同居していることのみをもって、健康保険の被扶養者とすることはできない。被保険者の収入により生計を維持している実態がなければならない。

出産手当金を受けている場合の被扶養者の認定について

出産手当金を受けている期間は被扶養者として認定できないものと解してよいか。

A 雇用保険の基本手当の場合に準じて、出産手当金の受給額に応じて、年収換算で130万円を超える額（月収108,333円以上、日額3,611円以上）を受けている間は、被扶養者と認定できないことになっている。この点について、国家公務員共済組合法では通知（昭和45年10月30日・蔵計3440号）が出されているが、健康保険では特に規定がないので、保険者の判断と考える。

Comment

現在では、雇用保険の基本手当の支給期間が多胎出産時の出産手当金より少ない場合もあり、これとのバランスからみても雇用保険の場合と同様に取扱うべきである。また、被保険者資格を喪失しなければ健康保険料等の免除があるので、あえて被扶養者に認定する必要もないものと考える。

 年金受給額が増額したことにより被扶養者資格を取り消すべき時期について

　年金額改定の法律が施行されたことにより、年金の額が180万円程度以上になった被扶養者は被扶養者の要件を欠き、その資格を喪失することとなるが、当該被扶養者を削除すべき時点はいつになるか。

　厚生労働省の通知によれば、年金受給者が改定通知を受けた日になる。

Comment

　現に支給を受けていなくても、改定されれば日本年金機構等から遅滞なく増額された年金が支払われる訳だから、法改正日に遡って削除すべきであろう。また、認定対象者が65歳に達したあとも老齢基礎年金等を請求せず、繰下げ支給を希望していた場合は、年金を受給せずとも生活できるものと解釈して認定すべきではないと考える。

 **別居中の兄を弟の被扶養者に認定できるか？**

若くして両親をなくした兄弟のうち、高校を出て働いている弟（被保険者）は、東京で大学に通う兄に毎月仕送りをしている。大学を卒業した場合は、家に戻らずそのまま就職することも考えられるが、勉学のため東京に出た兄を支える場合、弟の健康保険の被扶養者に認定できるか。

 平成28年4月の改正前は、弟妹が兄姉を扶養する場合は同居を必要としていたが、現在は「やむをえない一時的別居」に限らず、別居であっても法的に問題はなく被扶養者に認定できる。

被保険者の標準報酬月額より月収の多い妻を被扶養者に認定できるか？

被保険者の標準報酬月額が98千円の事業主から、月給10万円の妻の被扶養者異動届が出てきた。被保険者には標準報酬以外にも収入があるものと思われるが、妻を被扶養者として認定できるか。なお、妻は夫の会社に在籍している。

A 一般的には、妻も被保険者となるべきであり、被扶養者として認定できない。ただし、夫婦の場合は、民法上の扶養義務が第一順位なので、収入が同程度で生計が同じであれば認定できる。また、被保険者には標準報酬以外にも収入がある場合は、その収入額も考慮に入れて認定すべきである。

Comment

　中小零細企業の事業主のなかには、個人名義の資産を法人に貸付して、その賃貸料又は株式配当を法人から受けて生活している人が多い。本来、法人の役員は労務を提供し、法人からその労務の対価として社会通念上妥当な報酬を受けている場合に限り被保険者となることになっている。したがって、標準報酬98千円という一般の常勤労働者の最低賃金にも満たない標準報酬で事業主が被保険者となることに問題がある。

　ちなみに、平成19年4月から施行された58千円の標準報酬月額の下限は、最低賃金（時間給）の全国下位10県の平均単価（608円）にパートタイマー以外の労働者の平均的就労時間の4分の3（＝90時間）を乗じて得た額をベースにしている。

一時的に別居を余儀なくされる場合の認定について

被扶養者の認定に際し、「被保険者と同一世帯に属する」とは、被保険者と生計を共にし、かつ、同居している場合をいうが、転勤等により同居する意思がありながら、別居を余儀なくされる場合には、一時的な別居と解されている。この場合「一時的」とは大体何ヵ月程度を指すと考えたらよいか。

A 「一時的」とは、2ヵ月あるいは1年という具体的な期間を指すものではなく、今まで同居し、扶養養関係のあったものが、被保険者の転勤等のため、同居をする意志がありながら勤務の都合上別居を余儀なくされるような場合であって、実態についてみれば扶養関係が継続し、別居を余儀なくさせた原因が被保険者の転勤等やむを得ない事由によるものを指す。

しかし、その期間が相当長期にわたるような場合には、被扶養者として認定した後も保険者において扶養の事実、別居がやむを得ないものとする事由等について、必要の都度調査し、十分チェックをしておくことが必要である。

弟が父母を扶養しているが、他の兄弟にも扶養能力がある場合について

A 被扶養者がその被保険者に生計を依存している理由は、被扶養者の要件として問題にならない。すなわち、このような場合に、被保険者の兄が父母を扶養するのが妥当であるということで、被保険者の被扶養者としないということはできない。したがって、生計依存の事実があれば被扶養者となる。

Ⅱ　被扶養者認定Q&A　71

Q70 同一世帯に属するとは、戸籍が同一であることか?

A 同一の世帯に属するとは、被保険者と住居及び家計を共同することであり、同一戸籍内にあることは必ずしも必要とせず、また、被保険者が必ずしも世帯主であることを必要としないとされている。(昭和27年6月保文発第3533号)

すなわち、健康保険法における世帯とは、住居及び家計をともにする者の集まりという意味であり、同一の世帯というために、これ以外に形式的な条件を必要とはしていない。

Q71 家庭の事情で、2、3ヵ月別居する間の被扶養者資格はどうなるか?

A このような場合、元来同居すべき事情にある者が一時的に別居したにすぎず、近い将来同居することが確実なら、同一世帯に属する者の特殊な状況と認め、被扶養者に認定して差支えない。

Q72 被扶養者が一時的に入院した時はやむを得ない別居となるか？

A 入院中は、現実には一応別居の状態にあるが、入院している親族の生活の本拠は、依然として家族の住んでいる場所であり、特定の目的のため、一時的に滞在するという特殊な状態において病院に滞在しているにすぎず、特殊な状態が止んだあとは他の家族と住居をともにするのであれば、一時的な別居であり、被扶養者たる地位には変わりはない。

Q73 家族を被扶養者とするにはどうすればよいか？

A 健康保険においては、被保険者に扶養されている人でも、その被保険者の被扶養者として保険者から認定されなければ、健康保険の被扶養者として取扱われない。すなわち、健康保険の被扶養者となるには、保険者の認定を必要とする。被扶養者となる手続きは、まず、被保険者が資格を取得したときに、資格取得後5日以内に被扶養者届（正副2通、国民年金第3号被保険者は当該届も必要）を事業主経由で保険者（管轄の年金事務所又は健康保険組合、公務員の場合は所属長）に提出する。被扶養者届に記載すべき事項は、①被扶養者の職業、収入、住所、氏名、性別、生年月日及び被保険者との続柄、②被扶養者が被保険者の直系尊属、配偶者、子、孫及び弟妹以外の者であるときには同一の世帯に属した年月日と扶養するに至った事由である。

次に、被保険者となった後に、結婚、出産、養子縁組等により被扶養者となるときも、資格取得の場合と同様、事業主を経由して保険者に被扶養者（異動）届を提出する。この場合は被保険者証に被扶養者に関する事項を記入するため、保険者に被保険者証を提出する。（【注】参照）

なお、被扶養者の氏名に変更のあったとき、又は扶養の事実、世帯等に変更のあったときは、遅滞なく、事業主を経由して保険者に届け出ることになっているが、この場合も被保険者証を提出する。

【注】所属する健康保険組合等の被保険者証がカード化されていて、被扶養者ごとに被保険者証を交付している場合は、被保険者本人の被保険者証を提出する必要はない。

Q74 16歳以上60歳未満の者の生計維持関係の確認方法について

A　法令上、このような確認の方法についての規定はないが、稼得能力のある年齢の人については、例えば、学生については在学証明書の提出、身体障害者については障害者手帳の提示、その他の無収入の人については市町村長の非課税証明書等の提示の方法がとられており、適切な方法によって、事実が確かめられればよいわけである。（P.99通知1参照）

Q75 被扶養者認定を職権で行うことは可能か？

A　被扶養者に該当するか否かの判断は保険者が行うこととなる。健康保険法施行規則第38条の規定により、被保険者は、被扶養者を有するとき、又は被扶養者を有するに至ったときは、年金事務所又は健康保険組合へ届け出ることとなっているが、この規定は被保険者に届出を義務付けているに過ぎず、この届出によらずとも各保険者は、被扶養者の認定及び取消しを職権で行うことは可能である。

　たとえば、被保険者である夫から暴力（ドメスティック・バイオレンス：DV）によって被扶養者である妻が避難し、DV加害者との扶養の事実がなくなったとき、妻は被扶養者からはずれることになるが、このような状況で夫からの申請が行われることは通常考えられない。このような場合には、保険者は妻をはじめとする関係者から事情を聴くことなどにより生計維持関係が消滅したという事実を認定し、職権により被扶養者の認定を取り消すことが可能である。この場合にはDVといった特殊な事情をかんがみて、夫に連絡することなく、被扶養者の認定を取り消すといった配慮が望まれる。

Ⅱ　被扶養者認定Q&A

Q76 妻が仕事をやめ雇用保険から基本手当を受給するつもりだが、被扶養者になれるか？

A 雇用保険（失業給付）を受給することの目的は、早く適職を得て再就職をすることにあるので、この期間中の状態は一時的なものであり、継続的に被保険者により生計が維持されているとはみなされないので、受給期間中及び待期期間・給付制限期間は被扶養者になることができない。

Comment

このような場合「Q62」を参照して、実態に即して認定されたい。

 ## 育児休業終了後も休職する妻を被扶養者に認定できるか？

妻が育児休業で1年6ヵ月間休業した後、もう1年間会社に籍を残したまま無給で休業する場合に、妻を被扶養者とすることができるか。なお、妻の勤める会社からは、今回健康保険の資格を喪失することになるため、夫である私の扶養に入れてもらうよう指示があった。

A 健康保険法上の取扱いでは、会社に籍を残している状態であっても、労務に服さず事業主から報酬を受けていない場合は、事業主の判断で被保険者資格を喪失させることができることになっている。また、社会保険各法では、無給休職者について、どの程度なら被保険者資格を認めるか明確な規定はないが、傷病休職又は育児休業等を除いては使用関係がないものと判断される。

したがって、収入がなく健康保険に加入していないことが確認できた場合には、被扶養者となることができる。

■一般的な資格確認書類
(1) 事業主が健康保険資格喪失届を提出し、保険者の確認を受けたことを証するもの。
(2) 休業の理由並びに期間及びその間、給与等の金品による支払がないことが確認できるもの。
(3) 「状況報告書（保険者の指定するもの又は任意のものでもよい）」に実態、及び収入を得るようになった経緯を記載すること。

Q78 自営業の妻の被扶養者認定について

　妻（49歳）が、化粧品販売代理店（外交員報酬）を営んでおり、確定申告の内容が営業収入（4,131,269円）、必要経費（3,325,764円）、基礎控除（380,000円）、課税所得（425,000円）、申告納税額（5,100円）という状況である。このような場合に妻は、被扶養者に該当するか。

　【注】金額はいずれも質問当時のもの。

　　　　販売代理店も生命保険外交員と同様に、就業規則によって拘束されない委任関係となるので、事業主扱いとなる。個人事業主の場合、収入額も事業状況等によって変動が激しいことから、現時点での報酬の多少にかかわらず、前年又は確定申告後の収入額により判断すべきと考える。なお、被保険者と生計を別にして、独立して事業を営む場合は被扶養者に該当しない。

　本来、被扶養者となるような自営業の範囲とは、自宅を利用してできる学習指導、書道教室など内職的なものに限られる。本格的な事業は被扶養者の範囲外と判断する。特に、法人の事業所であれば、従業員数にかかわらず、健康保険の適用事業所となり被保険者となるものである。

Q79 年間収入を調整している妻の被扶養者認定について

　派遣契約社員として働いている妻の給料が、派遣先の都合による残業等により、1ヵ月の給料が108、333円（月額）を超えてしまった。パート勤務者と同様に年間収入で基準額130万円（年額）を超えないように管理しようと考えるが、被扶養者とすることができないか。

A　派遣契約社員の場合、一般社員同等の報酬を受ける場合も多いことから、月々の収入を恒常的収入と判断することになる。この事例のように月々の収入が厚生労働省通知の額（130万円）の12分の1（108,333円）を超えている場合は、年間130万円未満であっても、原則として被扶養者とすることができない。

Comment

　この場合は、派遣元から報酬を支払われているとしたら、健康保険の被保険者となるべきと考える。派遣先から報酬が支払われているならば、派遣先の被保険者となるので、安易に被扶養者を希望しないで、関係保険者と相談すべきと考える。

# 就職した息子が10日ほどで離職した場合について

子供が4月に大学を卒業し就職したが、入社後10日程で退職した。再就職の予定もないため、再度、被扶養者となれるか。

A 個別の健康保険組合の認定基準によっては、「学校を卒業、働く能力及び意思があるにもかかわらず、やむを得ない理由により就労できない場合に限って、所定の審査基準にかかわらず卒業後6ヵ月間継続して被扶養者とすることができる」となっている場合もあるが、これはあくまで新卒者が就労できない場合に限定しており、一旦就職した者が個人的な理由で退職した場合は、「やむを得ない理由により就労できない場合」に該当しないものと判断され、被扶養者となることはできない。

なお、事業主側の都合により退職した場合は、状況により別途判断することとなる。

Comment

厚生労働省の通知では、この回答のような考え方をとっていない。現に被保険者の収入により主として生計を維持している場合は、被扶養者となるので実態に即して認定すべきである。

司法試験受験準備中の子を被扶養者にできるか？

司法試験を受けるため自宅で勉強している子供（25歳）は、進学準備中の者の取扱いと同じように、前年度の受験票又は不合格通知を提出すれば被扶養者とすることができるか。

保険者（健康保険組合）の認定基準に定める「自宅学習等で受験勉強をしている者」とは、原則、進学するための受験勉強をしている者（入学後昼間の就労ができないことが条件）をいい、特定の資格取得のための受験を目的としている場合は、一般的に昼間就労しながら勉強することも可能で、就労の是非も本人の意思により選択が可能であるため、他の認定基準に当てはまらない限り被扶養者とすることはできない。

Comment

成人している子であっても、成人しているという理由のみで機械的に不認定として取扱うべきでない。Q80と同様に実態に即して認定すべきである。

ひきこもりの子の被扶養者の認定について

子供(18歳)が「ひきこもり」により、家から外へ出ようとしないため高校を中退し、現在に至るまで回復の見込みもない状況が続いている。専門医の治療等も特に受けていないので、診断書等も提出できない。年齢的には被扶養者に該当しないと思われるが、実態として働けない状況が続いているので、何とか継続扶養することはできないか。

原則、専門医等(該当者の症状が診断できる者)の証明書、又は保険者(健康保険組合)が診断書等に代わると認めたものを提出できる場合に限り被扶養者として認定できる。

Comment

義務教育を終えているという理由のみで機械的に不認定として取り扱うべきでないので、例えば、病気でなくとも被保険者と同居し被保険者に生計を依存せざるをえない状況であれば被扶養者に認定して差し支えない。最終的には保険者の判断になる。

 芸能界入りのため養成学校へ通う子を被扶養者に認定できるか？

芸能界入りを希望し、法人資格のない養成学校へ通っている長男（19歳）を被扶養者にできるか。

 保険者（健康保険組合）の認定基準に定める「昼間就労できない状態」にあると解しがたいことから、被扶養者に該当しない。

Comment

　義務教育を終えているという理由のみで機械的に不認定として取扱うべきでないので、たとえ学校法人でない養成学校であっても被保険者と同居し被保険者に生計を依存しているのであれば被扶養者に認定して差し支えない。最終的には保険者の判断になる。（Q81参照）

Q84 親権が離婚した元妻にある場合、その子を被扶養者にできるか？

　離婚により、妻が子供（高校生）を引き取り自分の戸籍に入れ、親権も妻になっていたが、最近になって、親権を被保険者の方へ移し子供と同居することになった。戸籍は妻の方へ入ったままとなっているが、このような場合、この子供を被扶養者とすることができるか。

A 子供が未成年である限り親としての扶養義務は継続されることとなる。設例のような場合、被保険者が同居し親権を得るので、確認書類の提出により子供であることが確認でき、かつ、生計維持があれば被扶養者に該当する。

Q85 障害者の子を被扶養者とする場合について

　障害等級3級以上の子供が障害者施設で就労し、多少の収入を得ているような場合、被扶養者とすることができるか。

A 年金及び勤労収入等の合計金額が、扶養認定時の収入限度額である180万円以上なければ、原則、被扶養者となることができる。また、施設等に入所することにより被保険者と別居している場合は、入所費用負担等を確認し、被保険者との生計維持関係が認められた場合に被扶養者とすることができる。
　ただし、入所費用を被保険者が全く負担せず、単に収入が少なく親子であることだけをもって、健康保険の被扶養者となることはできない。

 **別居している義父母を被扶養者にすることができるか？**

妻の父母とは別居しているが、仕送りをしているので被扶養者にできないか。

A 妻の父母を被扶養者とすることは、主としてあなたが生計を維持していることと、同居していることが条件になる。したがって、別居している場合には被扶養者にすることはできない。この場合は、原則として国民健康保険に加入することになる。もし、妻が健康保険の被保険者ならそちらの被扶養者となることは可能である。

 **年金受給中で、かつ自営業の母を被扶養者にできるか？**

現在、母は68歳で収入が雑貨店を経営している所得（25万円）と遺族年金（160万円）を合わせて年間185万円あるが、被扶養者にすることができないか。

A 厚生省通知の収入限度額は、60歳以上で180万円未満となっていることから、今回のように180万円を超える収入がある場合は、被扶養者となることはできない。

180万円以下の場合でも、現に被保険者の収入に依存していない場合や確定申告が必要な人は、保険者（健康保険組合等）が定める「自営業者」にあてはまるものと考えられ、被扶養者となれない場合がある。

Ⅱ 被扶養者認定Q&A 85

両親の収入合計額が180万円を超える場合の被扶養者の認定について

別居している両親(2人とも60歳以上)を扶養申請する場合で、父親の年収が150万円、母親の年収が60万円であった時に、父親は被扶養者に認定できないと思われるが、母親を被扶養者とするためには、どの程度の送金が必要か。

A (150万円+60万円)−180万円=30万円が母親の生計費分となることから、父親は当然被扶養者として認定できない。父親と母親が別生計の場合は、母親の年収が60万円であるので60万円の送金が必要となる。

Comment

仕送り額が実際にはいくらになるか確認が必要なことと、生計費の半分以上を被保険者に依存していなければならない。「主として被保険者により…」を機械的に当てはめた場合、両親を被扶養者とするには150万円ではなく、210万円の仕送りが必要になるが、両親(父と母)が別世帯であれば、最低60万円を母親に仕送りしていれば、母親のみ被扶養者となることは可能であると考える。

なお、両親が被保険者と別世帯で二人の収入を合わせると一定の収入があり、被保険者の仕送り額が両親の収入額以上でない限り、二人とも被扶養者として認定できないと考える。ちなみに国民健康保険においては、世帯主の所得だけではなく、国民健康保険の被保険者となる世帯員全員の合算所得に対して保険料を賦課するので、210万円(夫婦の合計収入額)が対象になる。

Q89 年金収入しかない両親の被扶養者認定について

年金収入しかない両親（2人とも60歳以上で健康状態に問題無し）を扶養申請する場合で、父の収入が老齢基礎年金80万円と農業者年金70万円で、母の収入が老齢基礎年金60万円となっており、3年前に父親から譲り受けた農業を被保険者が行っている。なお、両親は以前農業を営んでいたが、老齢により現在無職である。また、被保険者の確定申告内容によれば、農業収入として年間200万円程度の収入（所得は50万円）があることになっている。このような状態で両親を被扶養者とすることができるか。

A　両親の収入合計が80万円＋70万円＋60万円＝210万円となるため、まず収入の多い父親は認定不可ということになる。母親については、両親の収入のみで判断すると認定可ということになる。被保険者が両親から引き継いだ農業が、両親の労務不能（困難な状態を含む）を理由としたものでない限り、現在も実質は両親が農業の主体となっており、農業収入も両親の労働によるものが大きいと考えられる。

ついては、農業収入を労働割合で分割することが困難であることから、全額両親の収入と考え、両親の収入は、210万円＋200万円＝410万円となり、基準額の360万円（180万円×2人）を超えることから、両親共に被扶養者とすることはできない。

 ## 母親を扶養する被保険者が結婚した場合について

別居の母親を扶養していた被保険者が結婚することとなった。このような場合、すでに被扶養者となっている母親が被扶養者として適正か再度確認する必要があるか。

A 被保険者が結婚したことで家族数が増え、被保険者世帯の一人当たり生計費が低くなるため、仕送り後の生計費バランスに変動が生じる可能性があることから、扶養資力について再確認する必要がある。なお、母親や結婚相手の収入が明らかでないので、回答は質問の趣旨の範囲に留める。

被保険者が単身赴任した場合について

被保険者と妻・子及び実母が同居。妻と子は働いており自立していることから、健康保険の被扶養者となっていない。現在、実母だけを被扶養者としているが、被保険者が転勤で単身赴任となり、家族と別居することとなった。生活費はまとめて妻に送付している場合、実母を継続して被扶養者とすることが可能か。

A 被保険者の住民基本台帳記載の住所が家族と別々であっても、単身赴任として別居手当が支給されている場合に限り、同居として取り扱うことになる。ただし、会社の規程で別居手当の支給対象期間として認められている4年間を超えた場合は別居扱いとなる。

なお、単身赴任が長期間で、かつ別居手当が支給されない場合であっても、会社の都合で赴任期間が延びて実母と同居できない事情があれば、同居扱いで構わない。

Comment

分かり易くいえば、妻と母に別々に送金していなくても、同居扱いで良いということになる。

医師と離婚した娘と孫を被扶養者にできるか？

無職の長女(31歳)が医師と離婚し、孫3人を連れて実家に戻ってきており、現在、父親である被保険者と同居して生活の面倒をみてもらっている。孫の養育費は毎月15万円送られてきているが、これでは足りないため、父親が負担している。長女は認定基準により被扶養者に該当しないものと思われるが、孫は被扶養者に該当するか。

A 当該保険者(健康保険組合)の認定基準(省略)に定める「18歳以上60歳未満者の取り扱い」の考え方から、長女は、原則、就労し自立する者として、被扶養者に該当しないことになる。ついては、長女の義務として民法で自身と同等の生活を子供に営ませる社会的義務があるものとされていることから、当然、長女が子供である孫の扶養義務を負う者として生計を維持することとなる。したがって、当該事例の孫は、被扶養者に該当しないことになる。また、離婚した孫の実父が仕送りをしているのであれば尚更である。

# 未婚の娘が子を産んだ場合の被扶養者の認定について

　未婚の長女（17歳）が子供を出産したが、相手の男性は正式に結婚しており、長女及び孫の面倒をみる気はないと言っている。現在、長女が無職で収入もないことから父親である被保険者と同居し、長女及び孫の面倒をみている。このような状態の場合、長女及び孫を被扶養者とすることができるか。

A 　長女が18歳に到達するまでは、長女及び孫は被扶養者とすることができる。しかし、長女が18歳に到達した以降は、Q92の場合と同じように、長女に働けない事情がない限り、長女及び孫を被扶養者とすることはできない。ただし、現に収入がなく被保険者の収入に依存して生活している場合は、被扶養者として認めざるを得ないので、総合的に判断する必要がある。

被保険者の母が退職した場合の祖母の被扶養者認定について

　従来から母親（60歳）が祖母（74歳）を扶養していたが、母親が退職したことにより雇用保険の求職者給付を受給することとなった。

　この場合、母親は雇用保険の求職者給付を受給していることから被扶養者の対象とならないが、その間の祖母の取扱いはどうなるか。

続柄	年齢	職業	収入
母	60歳	無職	雇用保険受給中・農業所得・遺族厚生年金
祖母	74歳	無職	老齢基礎年金

A　母親が雇用保険の基本手当を受給している間は、その制度の趣旨から考えて、今までの生活が一定期間保障される内容であることから、二人とも被扶養者とすることはできない。

　なお、母親が雇用保険の基本手当の受給を終了した場合に、母親が被扶養者として認定されれば祖母も被扶養者とすることができる。

　しかし、母親が被扶養者に該当しない場合は、被保険者が母親以上に祖母の生活費を負担し、生計維持関係が母親より強いことが確認できない限り被扶養者とすることはできない。特にこの場合は母親が農業を営んでおり、自家消費（農業生産物の供与）による祖母への関与が被保険者に比べ大きいものと考えられる。

高齢者医療制度と被扶養者認定

Q95 75歳を超えている外国で暮らす外国人の母を被扶養者にできるか？

中国人の労働者を雇用したが、その者には78歳になる母が中国にいる。日本では後期高齢者に該当する年齢の母親であるが、中国にはそのような制度がないので被扶養者にして欲しいと言われた。被扶養者になれるか。

A 日本に住所を有する者は、被保険者及び被扶養者とも後期高齢者医療制度の加入者になり、保険料を負担することになっている。

しかしながら、高齢者の医療の確保に関する法律第51条及び同法施行規則第9条により、国外居住者は後期高齢者医療制度の被保険者となれない。健康保険法第3条の規定では、後期高齢者医療制度の適用除外となる扶養家族は被扶養者として認定することはできない。

Q96 障害認定を受けて後期高齢者医療制度に加入している母を被扶養者にできるか？

A 高齢者の医療の確保に関する法律施行規則第8条第2項により、「広域連合」によって認定を受けた者がその後障害認定を撤回した場合は、前期高齢者（75歳未満に限る）に戻ることができるようになっている。

しかしながら、後期高齢者医療は、高齢者の身体の特性に着目した「医療保険制度」であり、障害が軽減していないにも関わらず、後期高齢者医療制度の保険料負担を理由に健康保険の被扶養者に戻ることは、制度の趣旨に反するものである。ゆえに、被保険者等に対して後期高齢者医療制度の支援金のしくみと「前期高齢者制度」の納付金の負担によって健康保険組合の財政に重大な影響を及ぼすことを説明する必要がある。

Ⅱ　被扶養者認定Q&A　93

Q97 生活保護を受けている76歳の母を被扶養者にできるか？

A 高齢者の医療の確保に関する法律第51条第1号により、生活保護を受けている75歳以上の者は後期高齢者医療制度の適用除外になっている。

また、後期高齢者医療制度の被保険者とならない者は、健康保険の被保険者及び被扶養者とできないことになっている。

Q98 「実態と著しくかけ離れたものとなり、かつ、社会通念上妥当性を欠くこととなる」とは

平成5年3月5日保発第15号・庁保発第4号通知にある「実態と著しくかけ離れたものとなり、かつ、社会通念上妥当性を欠くこととなる」とはどんな場合か。

A 健康保険法第3条に規定する被扶養者認定の大前提は「主として被保険者に生計を維持されていること」である。そのため、収入基準のみで判断すると「実態と著しくかけ離れたものとなり、かつ、社会通念上妥当性を欠くこととなる」場合が生じる。

例えば、父が170万円、母が150万円の年金受給者で、被保険者である子の標準報酬月額が20万円である場合など、客観的に認定対象者全員の恒常的総収入が被保険者の収入を上回るような場合や、現に生計を同じくしていない場合などである。

外国人労働者とその被扶養者認定

 外国籍の認定対象者が国内居住と国外居住とで異なる点は何か？

日本で働く外国人の家族を被扶養者として認定する場合は、国内在住の家族と母国で暮らす家族とで異なる点は何か。

A 外国籍の被保険者と同居する家族は、国籍の如何に関わらず日本国籍を有する扶養親族と同様に認定するものであるが、母国に残してきた扶養親族は、社会保障協定との関係に照らして日本の健康保険制度の適用を受けるべき場合、生計維持関係を平成30年3月22日保保発0322第1号通知に基づき関係書類を提出させ、認定するものである。

また、被扶養者の範囲については、一夫多妻等の制度の認められている国であっても、国内法に基づき最初に婚姻した配偶者のみ認定対象者となる。外国に居住する認定対象者の生活実態は把握が困難な場合も予想されるので、事業主の把握している事実に基づき判断せざるを得ない。

Comment

外国に在住する被扶養配偶者（国民年金第3号被保険者）などの改正が検討されている。健康保険法においても、外国に居住する被扶養者についても見直される予定である。（Q31参照）

II　被扶養者認定Q&A　95

 ## 海外に在住する外国人を被扶養者として認定する必要はあるか？

被扶養者として認定されても、直ちに保険診療を受けることのできない海外に在住する外国人を被扶養者として認定する必要はあるか。

A 平成30年3月22日厚生労働省保険課長通知は、改正入管法の施行を控え母国に親族を残して来日する労働者を視野に入れたものかどうか定かではないが、国内認定対象者に求める関係書類の提出が困難な場合は、緩やかにという趣旨のようである。また、被扶養者として認定された場合は、家族療養費及び家族出産育児一時金等の現金給付の対象となるので、重要なことである。

なお、母国に住む親族が外国療養費目的で被扶養者の認定を受けようとする事例も考えられるので、慎重に取り扱うべきである（P.9 〜 P.10参照）。

被扶養者認定に関する通知について

地域経済活性化に
向けて

通知1　生産年齢の被扶養者認定の考え方

> 昭和27年6月23日保文発第3533号
> 厚生省保険局健康保険課長から、日本相互銀行あて回答

　昭和27年5月26日附相互庶発第1号を以て御来照になった標記の件につき次のとおりお答する。

記

　健康保険における被扶養者の範囲は、(1) 被保険者の直系尊属、配偶者及び子であって、専ら被保険者により生計を維持する者(2) 被保険者と同一世帯に属し専ら被保険者により生計を維持する者である。「専ら被保険者により生計を維持する者」とは、その生計の基礎を被保険者に置き、原則として被保険者以外より生活の資を得ない者をいう。従って雇傭関係その他の事由により固定収入を得ているような者は除外されるものである。「被保険者と同一の世帯に属する者」とは被保険者と住居及び家計を共同にする者をいう。従って同一戸籍内にあること、また被保険者が世帯主であることを必ずしも必要としない。通常被扶養者に該当するものは、被保険者の配偶者、60歳以上の父母、祖父母、16歳未満の子及び孫、並びに不具廃疾者と考えられるが、これ以外の者についても前記(1) 及び(2) に該当する事実が明らかである場合には被扶養者と認められる。ただ年齢16歳以上60歳未満の者については、特に被扶養者に該当するか否かの事実を確める必要がある。御例示の場合についても、右の趣旨に基いて、被扶養者の認定を行うこととなる。

> (昭和27年5月26日相互庶発第1号
> 厚生省保険局健康保険課長宛日本相互銀行照会)

　被扶養者の取扱いについては、昭和24年4月16日保発第25号通ちょうにより、その範囲については満16歳未満、満60歳以上の者としてその取扱いに付いては厳格に取扱うよう示達されて居りますが、然し乍ら現在社会保険出張所又は民生部保険課の取扱いに付いては多少その取扱いが緩和されて居るよう見受けられますので、当行健康保険組合も近く発足の折から右通ちょ

Ⅲ　被扶養者認定に関する通知について　99

うと健康保険法第1条、第2項との関係並びに調整については如何に取扱うべきでしょうか、更に下記具体例によりご教示賜りたい。

記

一　生計を一にする学生にして満16歳以上の者

一　無収入の父母にして満60歳以下の者

一　生計を一にする甥及姪以上

通知2 収入がある者についての被扶養者の認定について

昭和52年4月6日保発第9号・庁保発第9号
厚生省保険局長、社会保険庁医療保険部長から都道府県知事あて通知
《最終改正》平成5年3月5日保発第15号・庁保発第4号

　健康保険法第1条第2項各号に規定する被扶養者の認定要件のうち「主ト
シテ其ノ被保険者ニ依リ生計ヲ維持スルモノ」に該当するか否かの判定は、
専らその者の収入及び被保険者との関連における生活の実態を勘案して、保
険者が行う取扱いとしてきたところであるが、保険者により、場合によって
は、その判定に差異が見受けられるという問題も生じているので、今後、下
記要領を参考として被扶養者の認定を行われたい。

記

1　被扶養者としての届出に係る者（以下「認定対象者」という。）が被保険
　者と同一世帯に属している場合
　(1)　認定対象者の年間収入が130万円未満（認定対象者が60歳以上の者
　　である場合又は概ね厚生年金保険法による障害厚生年金の受給要件に
　　該当する程度の障害者である場合にあっては180万円未満）であって、
　　かつ、被保険者の年間収入の2分の1未満である場合は、原則として
　　被扶養者に該当するものであること。
　(2)　上記(1)の条件に該当しない場合であっても、当該認定対象者の年
　　間収入が130万円未満（認定対象者が60歳以上の者である場合又は概
　　ね厚生年金保険法による障害厚生年金の受給要件に該当する程度の障
　　害者である場合にあっては180万円未満）であって、かつ、被保険者
　　の年間収入を上廻らない場合には、当該世帯の生計の状況を総合的に
　　勘案して、当該被保険者がその世帯の生計維持の中心的役割を果たし
　　ていると認められるときは、被扶養者に該当するものとして差し支え
　　ないこと。

Ⅲ　被扶養者認定に関する通知について　101

2　認定対象者が被保険者と同一世帯に属していない場合

　認定対象者の年間収入が、130万円未満（認定対象者が60歳以上の者である場合又は概ね厚生年金保険法による障害厚生年金の受給要件に該当する程度の障害者である場合にあっては180万円未満）であって、かつ、被保険者からの援助に依る収入額より少ない場合には、原則として被扶養者に該当するものとすること。

3　上記1及び2により被扶養者の認定を行うことが実態と著しくかけ離れたものとなり、かつ、社会通念上妥当性を欠くこととなると認められる場合には、その具体的事情に照らし最も妥当と認められる認定を行うものとすること。

4　上記取扱いによる被扶養者の認定は、今後の被扶養者の認定について行うものとすること。

5　被扶養者の認定をめぐって、関係者間に問題が生じている場合には、被保険者又は関係保険者の申し立てにより、被保険者の勤務する事業所の所在地の都道府県保険課長が関係者の意見を聴き適宜必要な指導を行うものとすること。

6　この取扱いは、健康保険法に基づく被扶養者の認定について行うものであるが、この他に船員保険法第1条第3項各号に規定する被扶養者の認定についてもこれに準じて取り扱うものとすること。

通知 3　健康保険法の一部を改正する法律の疑義について

> 昭和32年9月2日保険発第123号
> 厚生省保険局健康保険課長から都道府県民生部保険課長、社会保険出張所長あて通知

　さきに開催された「健康保険法の一部を改正する法律の施行に伴うブロック講習会」における質疑応答を、下記のとおりとりまとめたから、参考に供されたい。

　なお、本質疑応答においては、改正後の健康保険法を「新法」、改正前の健康保険法を「旧法」、保険医療機関及び保険薬局の指定並びに保険医及び保険薬剤師の登録に関する政令を「指定政令」、健康保険法施行規則を「則」、保険医療機関及び保険薬局の指定並びに保険医及び保険薬剤師の登録に関する省令を「指定省令」、健康保険組合を「組合」、社会保険診療報酬支払基金を「基金」、病院及び診療所を「医療機関」とそれぞれ略称するものとする。

記

一　被扶養者に関する事項

〔主として〕

　（Q1）　新法第1条第2項各号に規定する「主トシテ、、、生計ヲ維持スル」の判定は、個々の事例において非常に困難であると考えられるので、運営上被扶養者が他より受ける収入等により一線を画し、たとえば5,000円以上収入があるものは被扶養者と認めない等の取り扱いとしてさしつかえないか。

　（A）　被扶養者の認定をする場合において、一定額以上の収入のある者は認めない等の画一的な取り扱いをすることは適当でない。

〔同一世帯〕

　（Q2）新法第1条第2項第2号から第4号までに規定する「同一ノ世帯ニ属シ」とは、旧民法上における「家」と同一の意義であり、同一戸籍内に入っていればよいと解すべきか。

　（A）旧民法における「家」又は戸籍を同じくする等とは関係ない。

Ⅲ　被扶養者認定に関する通知について　103

〔三親等内〕

(Q3) 新法第1条第2項第1号に規定する「被保険者ノ直系尊属」とは血族のみをいい、同条2号に規定する「被保険者ノ三親等内ノ親族」とは血族及び姻族をさすのか。また、同条第1号、第3号及び第4号に規定する父母および子とは義父母、継父母、養継子の何れをも含むものか。

(A)「被保険者ノ直系尊属」とは、被保険者の父母、祖父母等被保険者の父祖をいい、直系血族である。

「三親等内ノ親族」には、血族のほか、当然姻族も含まれる。

養父母及び養子は、父母及び子に含まれる。継父母及び継子は、父母及び子には入らないが、三親等内の親族に含まれる。

(Q4) 入籍していない養子は三親等内の親族に入らないと思うが、どうか。

(A) 養子縁組の届出がなされていない者は、親族関係にはない。

〔その他〕

(Q5) 被扶養者の範囲が改正になったが、これについて従来通知された事項のうち、年齢16歳未満、60歳以上の者の取り扱いに変更はないか。

(A) 被扶養者の認定に際して16歳以上、60歳未満の者について、特に厳格に取り扱うという趣旨は、通常就労し得る状態にあるから、特に就労の事実、収入の有無等を調査して認定するということである。従って、この取り扱いの方針を改める考えはない。

(Q6) 新法附則第2条第1号によれば、その傷病手当金を受けている限りにおいては、被扶養者としての資格があるものとされているので、この間については被扶養者として受けることができる保険給付（家族療養費、家族埋葬料等）を受給することができるものと考えられるがどうか。

(A) 新法附則第2条第1号は、法律改正によって被扶養者でなくなる者に関し、昭和32年5月1日現に保険給付がなされているものについては、被保険者の受給権を保護する意味において、その保険給付

に限り、引き続き被扶養者とみなしているのであって、その傷病及びそれらにより発した疾病による傷病手当金以外の保険給付（家族療養費、家族埋葬料等）は受給することができない。

通知4　夫婦共同扶養の場合における被扶養者の認定について

昭和60年6月13日保険発第66号・庁保険発第22号
厚生省保険局保険課長・国民健康保険課長、社会保険庁医療保険部健康保険課長・船員保険課長から、都道府県民生主管部（局）長あて通知

　標記については、今般、別紙のとおり行うこととしたので、下記事項に留意のうえ、その円滑な取扱いを図られたく、通知する。

　これに伴い、昭和43年3月8日保険発第17号・庁保険発第1号通知は廃止する。

　なお、この件については、各種共済組合法所管省を含めた社会保険各省連絡協議会において決定されたものであるので、念のため申し添える。

　おって、貴管下健康保険組合並びに市町村及び国民健康保険組合に対する周知方につき、ご配意願いたい。

記

1　夫婦共同扶養の場合において、適切かつ迅速な被扶養者の認定が行われるよう別紙の取扱いが定められたものであること。

2　被扶養者の認定に関し、被用者保険の保険者間の協議が整わない場合には、速やかな解決を図るため、別紙の2により、都道府県民生主管部（局）保険主管課（部）長（以下「保険課長」という。）において斡旋を行うものであること。

3　夫婦の一方が国民健康保険の被保険者である場合における被扶養者の認定については、別紙の1の①ないし③及び3によるものであること。

　なお、被用者保険において被扶養者として認定されない場合には、国民健康保険の被保険者となるものであるが、この場合、被扶養者として認定されないことにつき国民健康保険の保険者に疑義があり、当該被用者保険の保険者に異議を申し立てても、なお納得を得られないときは、保険課長に斡旋を求めて差し支えないこと。この斡旋の申立ては、当該保険者の所在地の都道府県の国民健康保険主管課長を通じて、当該被用者保険の被保険者の勤務する事業所の所在地の都道府県の保険課長に対

して行うものとすること。保険課長は、この斡旋の申立てを受けたとき
は、別紙の2に準じて、斡旋等を行うものであること。

（別紙）

夫婦共同扶養の場合における被扶養者の認定について

（昭和60年6月12日社会保険各省連絡協議会）

　夫婦が共同して扶養している場合における被扶養者の認定に当たっては、
下記要領を参考として、家計の実態、社会通念等を総合的に勘案して行うも
のとする。

記

1　取扱基準

　①　被扶養者とすべき者の員数にかかわらず、年間収入（当該被扶養者
　　届が提出された日の属する年の前年分の年間収入とする。以下同じ。）
　　の多い方の被扶養者とすることを原則とすること。

　②　夫婦双方の年間収入が同程度である場合は、被扶養者の地位の安定
　　を図るため、届出により、主として生計を維持する者の被扶養者とす
　　ること。

　③　共済組合の組合員に対しては、その者が主たる扶養者である場合に
　　扶養手当等の支給が行われることとされているので、夫婦の双方又は
　　いずれか一方が共済組合の組合員であって、その者に当該被扶養者に
　　関し、扶養手当又はこれに相当する手当の支給が行われている場合に
　　は、その支給を受けている者の被扶養者として差し支えないこと。

　④　前記①ないし③の場合において、この取扱いにつき、被用者保険関
　　係保険者（健康保険組合を含む。以下同じ。）に異議があるときは、と
　　りあえず年間収入の多い方の被扶養者とし、その後に関係保険者間に
　　おける協議に基づき、いずれの者の被扶養者とすべきか決定すること。

　　　なお、前記協議によって行われた被扶養者の認定は、将来に向かっ
　　てのみ効力を有するものとすること。

2　被扶養者の認定に関し、関係保険者間に意思の相違があり、1の④の
　協議が整わない場合には、被保険者又は関係保険者の申立てにより、被

Ⅲ　被扶養者認定に関する通知について　**107**

保険者の勤務する事業所の所在地の都道府県の保険課長（各被保険者の勤務する事業所の所在地が異なる都道府県にある場合には、いずれか申立てを受けた保険課長とし、この場合には、他の都道府県の保険課長に連絡するものとする。）が関係保険者の意見を聞き、斡旋を行うものとすること。

3　前記1の取扱基準は、今後の届出に基づいて認定を行う場合に適用すること。

通知5　夫婦共同扶養の場合における 被扶養者の認定について

昭和60年6月15日庁文発第2220号
社会保険庁医療保険部健康保険課長・船員保険課長から、都道府県民生主管部（局）保険主管課（部）長あて通知

　標記については、本年6月13日保険発第66号・庁保険発第22号をもって通知したところであるが、政府管掌健康保険及び船員保険の被扶養者の認定に当たっては、次の事項に留意のうえ遺憾のないようにされたい。

記

1　　夫婦共同扶養の場合における被扶養者の認定に当たっての夫婦双方の年間収入の把握については、被扶養者（異動）届に各々の年間収入を適宜記載させることにより行うこととし、年間収入に関する証明書を特に求めることは必要ないものであること。

2　　被扶養者（異動）届の受理の際の被扶養者である事実の証明については、昭和38年8月26日庁保険発第46号通知により事業主等の証明を活用することとして取り扱っているところであるが、民生委員が被扶養者の収入状況について把握・確認することは一般的に困難であることから、民生委員による証明を要請しない取扱いを徹底すること。

Ⅲ　被扶養者認定に関する通知について　109

通知6 失業給付を受ける者の被扶養者の認定について（事務連絡）

平成18年6月2日
関東信越厚生局健康福祉部保険課長から健康保険組合理事長あて事務連絡

　健康保険法第3条第7項各号に規定する被扶養者の認定要件のうち「主としてその被保険者により生計を維持するもの」に該当するか否かの判定について、「収入がある者についての被扶養者の認定について」は、昭和52年4月6日保発第9号・庁保発第9号により、その取扱いについて参考にするよう通知されております。

　そこで、失業等給付を受給する者の被扶養者認定については、同通知に対する当組合の解釈により取扱っているところでありますが、この度、その取扱いについて疑義が生じましたので、下記の事項についてご照会申し上げます。

記

1　当組合においては、失業等給付を受けようとする者または受給中の者は、下記の理由により基本手当日額が、当組合で定める基準額未満（3,612円未満。但し、認定対象者が60歳以上の者である場合又は、概ね厚生年金保険法による障害厚生年金の受給要件に該当する程度の障害者である場合にあっては5,000円未満。）である者及び受給期間の延長をしている者を除いて、その支給が終了するまでの間、被扶養者に該当しないとしていますが、この取扱いで差し支えないですか。

　当組合の取扱いが不適当であると判断される場合、その理由を具体的にお示しいただき、かつ、その理由の根拠となる法令・通知等を明示願います。

①　雇用保険法（昭和49年法律第116号）における「失業」とは、同法第4条第3項に「労働の意思及び能力を有するにもかかわらず、職業に就くことができない状態にあること」と定められていることから、失業等給付を受けようとする者は、労働の意思及び能力を有しているので

あり、また、同法第1条で、雇用保険は、労働者の生活の安定を図ることも目的とされていることから、失業により直ちに「主として被保険者により生計を維持されるもの」に該当するほど、被保険者への依存はないものと判断される。

② 待期は、同法第21条に、給付制限は同法第32条及び第33条に定められており、特に同法第33条第1項に規定する「正当な理由なく自己の都合によって退職した場合」においては、待期の期間の満了後1箇月以上3箇月以内の間、同項の規定により基本手当の支給がないことは公知の事実であり、当然にそのための蓄え（退職時における未支給の給与や退職金を含む）を準備していると判断される。

③ 基本手当日額が、当組合が定める基準額未満である者については、年間収入が130万円未満（認定対象者が60歳以上の者である場合又は概ね厚生年金保険法による障害厚生年金の受給要件に該当する程度の障害者である場合にあっては180万円未満。）である者と同程度の収入であることから、また、受給期間の延長をしている者については、疾病・出産等により職業に就くことができないことから、失業等給付を受けようとする者または受給中の者であっても被扶養者に該当するとしている。

2 失業等給付を受けようとする者または受給中の者で、上記1により被扶養者に該当しないと判断した場合、待期及び給付制限期間についても否認としておりますが、この取扱いで差し支えないですか。

当組合の取扱いが不適当であると判断される場合、その理由を具体的にお示しいただき、かつ、その理由の根拠となる法令・通知等を明示願います。

3 失業等給付を受給する者についての被扶養者認定の取扱いについては、その取扱いを具体的に明示した法令・通知等が見受けられないことから、当組合の被扶養者認定基準及び被扶養者認定基準の取扱細目は、関係する法令・通知等や他健保の取扱いを参考にして判定しており、当組合と同様の取扱いをしている保険者も見受けられます。

そのため、保険者により、場合によっては、その判定に差異が見受け

Ⅲ　被扶養者認定に関する通知について　111

られるという問題が生じていると思われますが、具体的な取扱要項を示達される必要性について如何にお考えでしょうか。

回答

1及び3について

　失業等給付を受けようとする者又は受給中の者の被扶養者認定については、失業等給付も収入であることと変わりがないことから、昭和52年4月6日付け保発第9号・庁保発第9号「収入がある者についての被扶養者の認定について」により取り扱うこととなります。

2について

　被扶養者の認定については、認定日の状況により判定するものです。

　したがって、認定日において失業等給付の待機又は給付制限中である者については、収入たる失業等給付を受けていないことから、当該認定日においては収入のない者として取扱うことになります。

通知7　海外に在住し日本国内に住所を有ない被扶養者の認定事務ついて

> 平成30年3月22日保保発0322第1号
> 厚生労働省保険局保険課長から健康保険組合理事長あて通知

　健康保険の被保険者に扶養される者(以下「被扶養者」という。)については、健康保険法(大正11年法律第70号)第3条第7項各号において、「被保険者の直系尊属、配偶者、子、孫及び兄弟姉妹であって、主としてその被保険者により生計を維持するもの」、「被保険者の三親等内の親族で前号に掲げる者以外のものであって、その被保険者と同一の世帯に属し、主としてその被保険者により生計を維持するもの」等と規定されているところである。

　今般、海外に在住し日本国内に住所を有さない者で被扶養者の認定を受けようとする者(以下「海外認定対象者」という。)について、身分関係及び生計維持関係の確認をする際に、日本国内に住所を有する者で被扶養者の認定を受けようとする者(以下「国内認定対象者」という。)に求めている証明書類(国内の公的機関で発行される戸籍謄本や課税証明等)の提出が困難な場合において、統一的な取扱いとなるよう下記のとおり整理したので、遺漏のないよう取り扱われたい。

記

第1　現況申立書の作成について

　　被保険者が海外認定対象者に係る健康保険被扶養者(異動)届を提出するにあたり、認定対象者の現況についての申立書(以下「現況申立書」という。)を作成し、提出させること。

第2　身分関係、生計維持関係の確認書類について

　　現況申立書に記載された内容について、記載の内容のみをもっての認定は行わず、必ず以下の書類により確認すること。

　　なお、書類が外国語で作成されたものであるときは、その書類に翻訳者の署名がされた日本語の翻訳文を添付させること。

　1　身分関係の確認

Ⅲ　被扶養者認定に関する通知について　113

国内認定対象者に求めている証明書類の提出が困難な場合は、次の書類の添付を求めることにより被保険者との身分関係を確認すること。

- 続柄が確認できる公的証明書又はそれに準ずる書類

2 被保険者と海外認定対象者が同一世帯に属していない場合の生計維持関係の確認

(1) 認定対象者の収入の確認

国内認定対象者に求めている証明書類の提出が困難な場合は、次のいずれかの書類の添付を求めることにより、海外認定対象者の年間収入が130万円未満（認定対象者が60歳以上又は障害厚生年金の受給要件に該当する程度の障害者である場合は、年間収入が180万円未満）であることを確認すること。

（収入がある場合）
- 公的機関又は勤務先から発行された収入証明書

（収入がない場合）
- 収入がないことを証明する公的証明書又はそれに準ずる書類

(2) 被保険者の仕送り額等の確認

海外認定対象者に対する被保険者からの送金事実と仕送り額について、次の書類の添付を求めることにより確認すること。

- 金融機関発行の振込依頼書又は振込先の通帳の写し

上記(1)と(2)の額から、海外認定対象者の年間収入が被保険者からの年間の仕送り額未満であることを確認できた場合、原則として被保険者が生計を維持しているとすること。

3 被保険者と海外認定対象者が海外で同一世帯である場合の生計維持関係の確認

上記2(1)に加え、海外認定対象者の年間収入が被保険者の年間収入の2分の1未満であることを確認すること。また、次の書類の添付を求めることにより、被保険者と同一世帯であることを確認すること。

- 被保険者と同一世帯であることを確認できる公的証明書又はそれに準ずる書類。なお、被扶養者の認定を受けようとする者が被保

険者の直系尊属、配偶者、子、孫及び兄弟姉妹以外の三親等内の親族である場合は、被保険者と同一世帯に属している必要があるので、留意されたい。

第3 船員保険における取扱い

船員保険法（昭和14年法律第73号）第2条第9項各号に規定する被扶養者の認定についても本通知に準じて取り扱うこと。

通知8　日本国内に住所を有する被扶養者の認定事務について

| 平成30年8月29日保保発0829第1号
| 厚生労働省保険局保険課長から全国健康保険協会理事長あて通知

　健康保険の被保険者に扶養される者(以下「被扶養者」という。)については、健康保険法(大正11年法律第70号)第3条第7項各号において、「被保険者の直系尊属、配偶者、子、孫及び兄弟姉妹であって、主としてその被保険者により生計を維持するもの」、「被保険者の三親等内の親族で前号に掲げる者以外のものであって、その被保険者と同一の世帯に属し、主としてその被保険者により生計を維持するもの」等と規定されているところである。今般、日本年金機構における日本国内に住所を有する者で被扶養者の認定を受けようとする者(以下「国内認定対象者」という。)の認定事務について、「日本国内に住所を有する被扶養者の認定事務について」(平成30年8月29日付け年管管発0829第4号)により日本年金機構事業企画部門担当理事及び事業推進部門(統括担当)担当理事あて通知されたところであるが、全国健康保険協会における国内認定対象者の認定事務についても、下記のとおり整理したので、遺漏のないよう取り扱われたい。

　また、船員保険法(昭和14年法律第73号)第2条第9項各号に規定する被扶養者の認定についても本通知に準じて取り扱うこと。本通知の取扱いは、平成30年10月1日から適用することとし、今後も現状を踏まえつつ、改定を行う旨ご承知おきいただきたい。

記

1　身分関係の確認

　公的証明書等の添付を求めることにより、被保険者との身分関係を確認すること。

　ただし、既に身分関係を認定するための情報を保険者又は事業主が取得している場合は、公的証明書等の添付を省略することができる。

　なお、任意継続被保険者の資格取得時における国内認定対象者の身分関

係の確認については、従前と変更がなければ、公的証明書等の添付を省略することができる。

2 生計維持関係の確認

(1) 認定対象者の収入の確認

国内認定対象者の年間収入が130万円未満（認定対象者が60歳以上又は障害厚生年金の受給要件に該当する程度の障害者である場合は、年間収入が180万円未満）であることを公的証明書等で確認すること。

(2) 被保険者と国内認定対象者が同一世帯である場合の確認

上記(1)の確認に加え、同一世帯であることを確認できる公的証明書等の添付を求めることにより、被保険者と同一世帯であることを確認すること。

国内認定対象者が被保険者の直系尊属、配偶者、子、孫及び兄弟姉妹以外の三親等内の親族である場合は、被保険者と同一世帯に属している必要があるので、留意されたい。

(3) 被保険者と国内認定対象者が同一世帯に属していない場合の確認

上記(1)の確認に加え、国内認定対象者に対する被保険者からの送金事実と仕送り額について、次のいずれかの書類の添付を求めることにより、国内認定対象者の年間収入が被保険者からの援助による収入額より少ないことを確認すること。

・仕送りが振込の場合は預金通帳等の写し
・仕送りが送金の場合は現金書留の控え（写しを含む。）

ただし、既に生計維持関係を認定するための情報を保険者又は事業主が取得している場合は、公的証明書等の添付を省略することができる。

Ⅲ　被扶養者認定に関する通知について　**117**

| 通知9 | 日本国内に住所を有する被扶養者の認定事務について |

平成30年8月29日保保発0829第2号
厚生労働省保険局保険課長から健康保険組合理事長あて通知

　健康保険の被保険者に扶養される者(以下「被扶養者」という。)については、健康保険法(大正11年法律第70号)第3条第7項各号において、「被保険者の直系尊属、配偶者、子、孫及び兄弟姉妹であって、主としてその被保険者により生計を維持するもの」、「被保険者の三親等内の親族で前号に掲げる者以外のものであって、その被保険者と同一の世帯に属し、主としてその被保険者により生計を維持するもの」等と規定されているところである。

　今般、日本年金機構における日本国内に住所を有する者で被扶養者の認定を受けようとする者(以下「国内認定対象者」という。)の認定事務について、「日本国内に住所を有する被扶養者の認定事務について」(平成30年8月29日付け年管管発0829第4号)により日本年金機構事業企画部門担当理事及び事業推進部門(統括担当)担当理事あて通知されたところであるが、健康保険組合における国内認定対象者の認定事務についても、下記のとおり整理したので、遺漏のないよう取り扱われたい。

　本通知の取扱いは、平成30年10月1日から適用することとし、今後も現状を踏まえつつ、改定を行う旨ご承知おきいただきたい。

記

1　身分関係の確認

　公的証明書等の添付を求めることにより、被保険者との身分関係を確認すること。

　ただし、既に身分関係を認定するための情報を保険者又は事業主が取得している場合は、公的証明書等の添付を省略することができる。

　なお、任意継続被保険者の資格取得時における国内認定対象者の身分関係の確認については、従前と変更がなければ、公的証明書等の添付を省略することができる。

2 生計維持関係の確認

(1) 認定対象者の収入の確認

国内認定対象者の年間収入が130万円未満（認定対象者が60歳以上又は障害厚生年金の受給要件に該当する程度の障害者である場合は、年間収入が180万円未満）であることを公的証明書等で確認すること。

(2) 被保険者と国内認定対象者が同一世帯である場合の確認

上記(1)の確認に加え、同一世帯であることを確認できる公的証明書等の添付を求めることにより、被保険者と同一世帯であることを確認すること。

国内認定対象者が被保険者の直系尊属、配偶者、子、孫及び兄弟姉妹以外の三親等内の親族である場合は、被保険者と同一世帯に属している必要があので、留意されたい。

(3) 被保険者と国内認定対象者が同一世帯に属していない場合の確認

上記(1)の確認に加え、国内認定対象者に対する被保険者からの送金事実と仕送り額について、次のいずれかの書類の添付を求めることにより、国内認定対象者の年間収入が被保険者からの援助による収入額より少ないことを確認すること。

- 仕送りが振込の場合は預金通帳等の写し
- 仕送りが送金の場合は現金書留の控え（写しを含む。）

ただし、既に生計維持関係を認定するための情報を保険者又は事業主が取得している場合は、公的証明書等の添付を省略することができる。

通知10 「日本国内に住所を有する被扶養者の認定事務について」に関する留意点について

> 平成30年8月29日
> 厚生労働省保険局保険課から全国健康保険協会へ事務連絡

　日本国内に住所を有する被扶養者の認定については、「日本国内に住所を有する被扶養者の認定事務について」(平成30年8月29日付け保保発0829第1号。以下「本通知」という。) で示したところであるが、本通知に関連して、取扱いの詳細についてのQ&Aを別紙のとおり作成したので、事務の実施に当たってご留意いただきたい。なお、本件については、厚生労働省年金局事業管理課と協議済みであることを申し添える。

【別紙】
「日本国内に住所を有する被扶養者の認定事務について」に関するQ&A

（健康保険組合・全国健康保険協会向け）

1　全体

Q1　本通知を発出した理由は何か。これまでの認定事務から変更を要するのか。

A1

　これまでも適切な被扶養者の認定事務に御尽力いただいてきたものと考えているが、不適切な被扶養者の認定を回避するため、原則として公的証明書等の添付を求め、各保険者において認定するよう改めて整理し、徹底を依頼するものである。

Q2　平成30年3月22日に発出された通知「海外に在住し日本国内に住所を有しない被扶養者の認定事務について」と本通知は、どういう関係なのか。

A2

　健康保険制度は、被保険者・被扶養者の国籍・居住地をＱわない制度であ

り、認定対象者の国籍・居住地によらず、当然に適切な被扶養者の認定が必要となる。

本通知は、認定対象者が国内に居住する場合に原則として公的証明書等の添付を求める取扱いを示すものであり、3月22日の通知は、認定対象者が海外に居住する場合の認定事務について、戸籍謄本のような国内の公的機関で発行される公的証明書等の提出が困難な場合の対応方法を示したものであり、本通知の特例的な位置付けとなる。

2 扶養認定の対象

Q3 本通知は「国内認定対象者」を対象としているが、日本国籍の者に限らず外国籍の者で日本に在住している者を被扶養者とする場合も、本通知に基づき被扶養者の認定を行うこととなるのか。

A3

日本国籍の者に限らず、外国籍の者で日本に在住している者を被扶養者とする場合も、本通知に基づき、被扶養者の認定を行うこととなる。

3 認定の取扱い

Q4 本通知の適用が、平成30年10月1日とされている理由如何。

A4

本通知の適用にあたっては、事業主及び加入者への事前周知等が必要な場合が想定されることから、一定の周知期間を設けたうえで、平成30年10月1日から適用することとしている。

4 確認書類

Q5 これまで被保険者が公的証明書等を提出できない場合において保険者が被保険者本人の申立てにより扶養関係の確認を行っていた場合があるが、本通知によりこれを認めない、ということか。

A5

被保険者本人の申立てのみにより扶養関係を認定することは、認められない。

Ⅲ 被扶養者認定に関する通知について **121**

ただし、既に身分関係を認定するための情報を保険者又は事業主が取得している場合は、公的証明書等の添付を省略することができる。

Q6 被保険者及び国内認定対象者のいずれも戸籍を有しておらず、同一世帯に属していない場合、身分関係の確認にあたり、どのような書類を添付すればよいか。

A6

被保険者及び国内認定対象者のいずれも戸籍を有しておらず、同一世帯に属していない場合として、例えば、被保険者及び国内認定対象者がいずれも外国籍の者であることが考えられるが、その際は、母国において発行される続柄が確認できる公的証明書（外国語で作成されたものであるときは、翻訳者の署名がされた日本語の翻訳文を添付）の添付を求めること等が考えられる。

Q7 機微情報を含む戸籍謄本のような証明書類を加入者が事業主に見られたくない又は事業主が取扱いたくないと考える場合は、どのように対応すべきか。

A7

被保険者と国内認定対象者の続柄等、認定のための確認に必要な箇所以外は被保険者においてマスキングして事業主に提出してもらう等の対応が考えられる。

また、被保険者から保険者への証明書類の直接提出について、禁止しているものではない。

Q8 身分関係等を認定するための情報を保険者又は事業主が取得している場合とは、具体的にどのような場合が想定されるか。

A8

例えば、身分関係・生計維持関係については、事業主が扶養手当を支給している等、被保険者と国内認定対象者の関係を自らの保有している情報に基づき確認している場合が想定され、身分関係については、保険者が出

産育児一時金を支給している場合や国内認定対象者の個人番号を用いて確認する場合等が想定される。

Q9 国内認定対象者が新生児であり、届出時に公的証明書等の添付ができず、保険者又は事業主が認定するための情報を把握していない場合、何を求めればよいか。

A9

原則として戸籍謄本や住民票等の公的証明書の提出、又は保険者又は事業主が取得している情報による認定が必要である。

なお、緊急に被保険者証を発行する必要がある場合は、認定時には公的証明書等の添付を省略し、認定後、速やかに住民票や個人番号等を届出させる取扱いとしても差し支えない。

Q10 公的証明書等の添付を省略して被扶養者の認定を行う場合において、事実と異なる認定とならないよう、保険者において留意すべき点は何か。

A10

保険者が添付書類を省略するにあたり、認定に要する情報が更新されていない場合等においては、その情報による認定は適切ではないため、直近の情報を元に認定すること。

Q11 被保険者と国内認定対象者が内縁関係にある場合、どのような書類により身分関係を確認すればよいか。

A11

申立のみでは認定せず、必要に応じて以下のような複数の公的証明書等により内縁関係が客観的に認められることを確認の上、認定すること。

- 被保険者及び国内認定対象者が重婚等の民法上の禁止されている婚姻の要件に該当しないことを確認できる、被保険者及び国内認定対象者それぞれの戸籍謄本又は戸籍抄本
- 被保険者世帯全員の住民票記載事項証明書

Ⅲ　被扶養者認定に関する通知について　**123**

Q12 本通知2(1)における国内認定対象者の収入を確認するための公的証明書等として、具体的にはどのような書類の提出を求めればよいか。

A12

国内認定対象者の収入の確認にあたっては、例えば、次のような書類により確認を行っていただきたい。(編者【注】国内認定対象者の状況に応じた確認書類は、次のとおりである。)

① 給与収入がある場合

勤務先から発行された源泉徴収書又は給与明細書

② 退職した者の場合(※1)

雇用保険被保険者離職票の写し(※2)

③ 雇用保険の失業給付受給中又は受給終了者の場合

雇用保険受給資格者証の写し

④ 公的年金等を受給中の場合

現在の年金受給額が確認できる年金証書、改定通知書又は振込通知書等の写し

⑤ 自営業による収入、不動産収入等がある場合

課税(非課税)証明書又は直近の確定申告書の写し

⑥ 上記①〜⑤に加えて他に収入がある場合

①〜⑤の確認書類及び課税(非課税)証明書

(※1)認定後被扶養者に係る確認時において、退職後の収入がないことを確認する。

(※2)原則、公的証明書が発行される者については、公的証明書で確認することになるが、公的証明書が発行されない者の場合においては、例外的に退職証明書であっても確認できるものとする。

Q13 本通知に示す「年間収入」とは、見込額でもよいか。

A13

本通知に示す「年間収入」は、国内認定対象者の過去の収入、現時点の収入又は将来の収入の見込みなどから、今後1年間の収入を見込むものと

する。

Q14 仕送りが預金通帳等により確認できない場合（例えば、現金手渡しの場合や現金以外を給付している場合、世帯用のクレジットカードを使用させている場合等）、同一世帯に属していない被扶養者の認定は認められないということか。

A14

申立てのみでは認めない。

なお、現金の手渡しや現物（食料、衣料等）を渡すことにより被保険者が生計維持をしている場合は、国内認定対象者の住民票で住所、課税証明書等で年間収入を確認し、実質的に生計維持をしていることが認められる場合は、認定できるものとする。

実質的に生計維持をしていることが判断できるものについては、例えば、手渡しをする現金を定期的に口座から引き落としたことが分かる預金通帳の写しなどが考えられる。

Q15 被保険者との扶養関係を確認する書類として、民生委員による証明書の添付も可能か

A15

民生委員による証明書の添付でも差し支えない。

Q16 被保険者資格取得日において、仕送りがまだ行われていない者への認定方法如何。また、仕送りの認定にあたり、何回以上必要となるか。

A16

原則として被保険者本人の申立てで認定を行うことは認められない。被保険者の資格取得日において、まだ仕送りが行われていないのであれば、添付資料が提出できないため、認定することはできない。初回の仕送りがなされた時点で、添付資料により仕送りの事実を確認した上で、被扶養者の要件を満たしていれば、被扶養者として認定できるものとする。また、

Ⅲ　被扶養者認定に関する通知について　**125**

回数については、年間複数回の仕送りを予定している場合や年間複数回かつ一定額ではない仕送りを予定している場合は、仕送り回数及び各回の仕送り予定額を確認し、被扶養者認定日時点においては、今後1年間で生計維持に必要な程度の金額となるような回数等であれば可とするが、その後の保険者による被扶養者に係る確認時において、改めて実績に基づく仕送りの金額及び回数を確認し、継続した仕送りによる生計維持が確認できない場合は、当該事実が確認できなくなった時点に遡って削除するものとする。なお、初回の被扶養者認定における仕送り予定回数及び各回の仕送り予定額については、公的証明書等による実態の確認が困難であり、そのことを理由として認定を行わないことに合理性が認められず、その後の被扶養者に係る確認時においては事実確認のための書類の提出を求め、実態の確認が可能であると考えられることから、本人申立てにより確認を行って差し支えない。

Q17 国内認定対象者が16歳未満の子である場合に、収入を確認するための書類の添付は必要か。

A17

16歳未満の子である場合は、収入を確認するための書類は要さない。また、被保険者と国内認定対象者が同一世帯に属していない場合、送金の事実と仕送り額を確認するための書類も要さない。

Q18 学生を被扶養者とする場合も、送金事実と仕送り額を確認するための書類の添付は必要か。

A18

国内認定対象者が学生の場合は、送金事実と仕送り額を確認するための書類を省略して差し支えない。また、個人番号を用いて生計維持関係の確認をする場合は、収入を証明する公的証明書等を省略して差し支えない。

5　認定後における被扶養者要件の確認

Q19 本通知に基づき被扶養者として認定した者について、認定後にお

ける被扶養者に係る確認の頻度は如何。

A19

　認定後、少なくとも年1回は保険者において被扶養者に係る確認を行い、過去の送金履歴等を確認し、被扶養者の要件を引き続き満たしていることを確認することが望ましい。なお、確認したところ被扶養者の要件を満たしていないことが判明した場合、

① 　認定時には瑕疵がなく、その後の事情により被扶養者の要件を満たさないこととなった場合には、当該要件を満たさなくなった時点（その時点を確認出来ない場合は例えば「検認日」とするなど、保険者において事前に定めた日）以降で、被扶養者を削除する届出を提出させること。

② 　認定時に瑕疵があり、被扶養者の要件を満たしていないことが判明した場合には、認定時に遡って取り消すこととなる。

Ⅲ　被扶養者認定に関する通知について　**127**

平成30年10月1日施行日本国内に住所を有する被扶養者の認定事務にかかるO&A

日本年金機構ホームページより

Q1 いつから手続きが変更になるのですか？

A1

平成30年10月1日以降に日本年金機構で受付する届書からです。

Q2 具体的に何が変わるのですか？

A2

主な変更点は次の3点です。

⑴　身分関係については、平成30年10月1日以降は、被保険者と扶養認定を受ける方が同姓か別姓かに関わらず、身分関係の確認ができる戸籍謄本等※の添付が必要になります。

　　なお、届書に被保険者と扶養認定を受ける方のマイナンバーをご記入いただいた上で、戸籍謄本等により、事業主様が扶養認定を受ける方の続柄が届書の記載と相違ないことを確認し、届書の備考欄に「続柄確認済み」とご記入いただいた場合、身分関係の確認ができる戸籍謄本等の添付を省略することができます。

⑵　生計維持関係については、扶養認定を受ける方が被保険者と別居している場合は、仕送りの事実と仕送り額が確認できる預金通帳の写し又は現金書留の控え（写し）の添付が必要になります。

⑶　被保険者と扶養認定を受ける方が同居している場合、同居であることの確認ができる住民票の添付が必要となります。

　　なお、日本年金機構において同居の確認ができる場合は、住民票の添付を省略することができますので、原則、住民票の添付は不要です。確認ができなかった場合には、事業主様を通じて同居の確認ができる書類の提出を求めることとしておりますので、その際にはご協力をお

願いします。

※戸籍謄本等とは、次の書類をいいます。いずれかを添付してください。

- 続柄が確認できる扶養認定を受ける方の戸籍謄本又は戸籍抄本
- 被保険者と扶養認定を受ける方が同一世帯であり、被保険者が世帯主である場合は住民票

Q3 なぜ、必要な添付書類が変わるのですか？

A3

　厚生労働省より、日本国内にお住いのご家族の方を被扶養者に認定する際の身分関係及び生計維持関係の確認について、申立のみによる認定は行わず、証明書類に基づく認定を行うよう、事務の取扱いが示されたことから、届出に際して、確認書類の添付をお願いすることとなりますので、ご協力をお願いいたします。

Q4 身分関係に関する証明書類は何を添付すればよいのですか？

A4

　身分関係の確認ができる書類として、戸籍謄本又は戸籍抄本を添付してください。

　なお、被保険者と扶養認定を受ける方が同居していて、被保険者が世帯主である場合は住民票でも可能です。ただし、届書に被保険者と扶養認定を受ける方のマイナンバーをご記入いただき、戸籍謄本等により、事業主様が扶養認定を受ける方の続柄が届書の記載と相違ないことを確認し、届書の備考欄に「続柄確認済み」とご記入いただくことで、戸籍謄本などの添付を省略することができます。

Q5 身分関係に関する証明書類はコピーの添付でもよいですか。また、過去に発行されたものでもよいですか？

A5

　戸籍謄（抄）本や住民票については、提出日から90日以内に発行された原本を添付してください。

Ⅲ　被扶養者認定に関する通知について　**129**

Q6 収入に関する添付書類は必要ですか?

A6

年間収入が130万円未満(扶養認定を受ける方が60歳以上又は障害厚生年金の受給要件に該当する程度の障害者である場合は、年間収入が180万円未満)であることが確認できる公的機関が発行した証明書類の添付が必要です。扶養認定を受ける方が所得税法上の控除対象配偶者・控除対象扶養親族であることを、事業主様が確認された場合、届書の「事業主確認欄」の「確認」部分を○で囲んでいただければ、収入に関する添付書類は省略できます。また、16歳未満の方を扶養に入れる場合、証明書類の添付は不要です。

Q7 所得税法上の控除対象配偶者・控除対象扶養親族に該当しない方を扶養に入れたいのですが、どのような書類が必要ですか?

A7

所得税法上の控除対象配偶者、控除対象扶養親族に該当しない場合は、次の添付書類が必要です。

(1) 退職した場合

退職証明書又は雇用保険被保険者離職票のコピーを添付してください。

(2) 退職後の雇用保険の失業給付の受給中又は受給が終了した場合

雇用保険受給資格者証のコピーを添付してください。

(3) 年金受給中の場合

年金受給額が確認できる年金証書、直近の改定通知書又は振込通知書のコピーを添付してください。

(4) 自営業による収入、不動産収入がある場合

直近の確定申告書のコピーを添付してください。

(5) 上記(2)〜(4)に加えて他に収入がある場合

(2)〜(4)の確認書類に加え、課税(非課税)証明書を添付してください。

(6) 上記以外の場合

課税(非課税)証明書を添付してください。

Q8 課税証明書はコピーでも手続きはできますか。また、過去に発行されたものでもよいですか?

A8

　課税証明書や非課税証明書など公的機関が発行した証明書類については、原本を添付してください。また、「被扶養者になった日」からみて直近のものを添付してください。

Q9 退職証明書はコピーでも手続きはできますか?

A9

　公的機関が発行した証明書類以外の場合は、確認書類のコピーで手続きができます。

Q10 障害年金を受給している方を扶養に入れる場合、収入に関する添付書類は省略できますか?

A10

　非課税対象の収入がある場合は、受取金額の確認ができる通知書等のコピーを添付してください。

Q11 扶養認定を受ける方が被保険者と同居しているのですが、生計維持関係の確認のため、住民票の添付は必要ですか?

A11

　同居の確認は日本年金機構において、住民基本台帳で届出いただいた内容に基づき確認をするため、住民票の添付は必要ありません。

　なお、日本年金機構で同居の確認ができなかった場合には、事業主様を通じて同居の確認ができる書類の提出を求めることとしておりますので、その際には、ご協力をお願いします。

Q12 被保険者と扶養認定を受ける方が別居の場合、どのように手続きをすればよいですか?

A12

Ⅲ　被扶養者認定に関する通知について　**131**

扶養認定を受ける方の年間収入が被保険者からの仕送り額未満であることを確認するため、仕送りの事実と仕送り額（1回あたり）が確認できる次の書類を添付してください。

(1) 扶養認定を受ける方の口座へ振り込みをしている場合

被保険者の預金通帳の写しを添付してください。

なお、預金通帳の写しについては、振込者（被保険者）、振込先の方（扶養認定を受ける方）、振込額が確認できるものを添付してください。

(2) 扶養認定を受ける方へ現金書留で送金している場合

現金書留の控え（写し）を添付してください。

なお、現金書留の控え（写し）については、依頼主（被保険者）、届け先（扶養認定を受ける方）、送金した金額が確認できるものを添付してください。

なお、確認書類の添付がなく、申立のみでは、被扶養者として認定を行うことはできません。

※16歳未満の方又は16歳以上の学生の場合は、Q14を参照してください。

Q13 仕送り額については、届書に記入する必要はありますか？

A13

(1) 仕送り額が一定の場合

• 届書の備考欄に1回あたりの仕送り額を記入してください。

• 年複数回の仕送りを予定している場合は「扶養に関する申立書」欄に1年間の仕送りの回数を記入してください。

(2) 仕送り額が一定でない場合

• 「扶養に関する申立書」欄に仕送りの回数及び各回の仕送り予定額と1年間の合計の仕送り予定額を記入してください。

例）仕送り回数年5回、1回目50万円、2回目20万円、3回目30万円、4回目45万円、5回目55万円、合計200万円

Q14 別居している未成年の方を扶養に入れたいのですが、どのように

手続きをすればよいでしょうか?

A14

(1) 扶養認定を受ける方が16歳以上かつ、学生以外の場合

仕送りの事実と仕送り額(1回あたり)が確認できる証明書類の添付が必要です。(Q12を参照してください)

(2) 扶養認定を受ける方が、16歳未満又は、16歳以上の学生※の場合

仕送りの事実と仕送り額が確認できる証明書類の添付は不要です。なお、16歳以上の学生については、所得税法上の控除対象扶養親族でない場合、収入に関する証明書類が必要になります。

※昼間・夜間全てです

Q15 機構ホームページで新しい様式が掲載されていますが、どこが変更になったのですか?

A15

様式の表面については、変更点はありません。届書裏面の「記入方法」と「添付書類」の記載を一部変更いたしました。

「記入方法」については、身分関係に関する確認書類の添付を省略できる場合の「備考欄」への記入方法について追記しました。また、「添付書類」については、身分関係に関する確認書類と、被保険者と扶養認定を受ける方が別居の場合の仕送りの事実と仕送り額が確認できる書類について追記しました。

Ⅲ　被扶養者認定に関する通知について　**133**

【参考資料】国家公務員共済組合法等の運用方針
（昭和34年10月1日蔵計第2927号）

▌平成30年3月2日現在（最終改正平成30年3月2日財計第519号）

（一）共済組合法関係

第1項第2号

1　共済組合の組合員、健康保険の被保険者又は船員保険の被保険者であるものは、これを被扶養者として取り扱わないものとする。

2　次に掲げる者は、「主として組合員の収入により生計を維持する者」に該当しないものとする。

　⑴　その者について当該組合員以外の者が一般職の職員の給与に関する法律（昭和25年法律第95号。以下「一般職給与法」という。）第11条第1項に規定する扶養手当又はこれに相当する手当を国、地方公共団体その他から受けている者

　⑵　組合員が他の者と共同して同一人を扶養する場合において、社会通念上、その組合員が主たる扶養者でない者

　⑶　年額130万円以上の所得がある者。ただし、その者の所得の全部又は一部が国民年金法（昭和34年法律第141号）及び厚生年金保険法（昭和29年法律第115号）に基づく年金たる給付その他の公的な年金たる給付（以下この号において「公的年金等」という。）のうち障害を支給事由とする給付に係る所得である場合又は60歳以上の者であってその者の所得の全部又は一部が公的年金等に係る所得である場合にあっては、180万円以上の所得がある者

3　前項第3号の所得は、被扶養者としようするときにおける恒常的な所得の現況により算定する。

　　従って、過去において同号に定める金額以上の所得があつた場合においても、現在所得がないときは、同号には該当しない。

4　主として組合員の収入により生計を維持することの認定に関しては、

18歳未満の者、60歳以上の者、一般職給与法第11条に規定する扶養親族（一般職給与法の適用を受けない組合員にあっては、これに相当するもの）とされている者、学校教育法（昭和22年法律第26号）第1条に規定する学校の学生（同法第53条に規定する定時制の課程、同法第54条に規定する通信制の課程並びに同法第86条に規定する夜間において授業を行う学部及び通信による教育を行う学部の学生を除く。）、所得税法（昭和40年法律第33号）第2条第1項第33号に規定する同一生計配偶者又は同項第34号に規定する扶養親族とされている者及び病気又は負傷のため就労能力を失っている者を除き、通常稼動能力があるものと考えられる場合が多いので、扶養の事実及び扶養しなければならない事情を具体的に調査確認して処理するものとする。なお、これらの者であっても第2項各号に該当することが明らかなものは、被扶養者には該当しない。

5 　「組合員と同一の世帯に属する」とは、組合員と生計を共にし、かつ、同居している場合をいう。ただし、営内居住の自衛官、病院勤務の看護師のように、勤務上別居を要する場合、若しくはこれに準ずる場合、又は転勤等に際して自己の都合により一時的に別居を余儀なくされる場合には、同居を要しないものとする。

■民法（抄）

〔親族間の互助の義務〕

第730条　直系血族及び同居の親族は、互に扶け合わなければならない。

〔扶養義務者〕

第877条

1 　直系血族及び兄弟姉妹は、互に扶養をする義務がある。

2 　家庭裁判所は、特別の事情があるときは、前項に規定する場合の外、三親等内の親族間においても扶養の義務を負わせることができる。

3 　前項の規定による審判があつた後事情に変更を生じたときは、家庭裁判所は、その審判を取り消すことができる。

〔扶養の順位〕

第878条　扶養をする義務のある者が数人ある場合において、扶養をすべき者の順序について、当事者間に協議が調わないとき、又は協議をすることができないときは、家庭裁判所が、これを定める。扶養を受ける権利のある者が数人ある場合において、扶養義務者の資力がその全員を扶養するに足りないときの扶養を受けるべき者の順序についても、同様とする。

〔扶養の程度又は方法〕

第879条　扶養の程度又は方法について、当事者間に協議が調わないとき、又は協議をすることができないときは、扶養権利者の需要、扶養義務者の資力その他一切の事情を考慮して、家庭裁判所が、これを定める。

〔扶養関係の変更又は取消〕

第880条　扶養をすべき者若しくは扶養を受けるべき者の順序又は扶養の程度若しくは方法について協議又は審判があつた後事情に変更を生じたときは、家庭裁判所は、その協議又は審判の変更の取消をすることができる。

〔扶養請求権の処分禁止〕

第881条　扶養を受ける権利は、これを処分することができない。

■高齢者の医療の確保に関する法律（抄）

〔適用除外〕

第51条　前条の規定にかかわらず、次の各号のいずれかに該当する者は、後期高齢者医療広域連合が行う後期高齢者医療の被保険者としない。

1　生活保護法（昭和25年法律第144号）による保護を受けている世帯（その保護を停止されている世帯を除く。）に属する者

2　前号に掲げるもののほか、後期高齢者医療の適用除外とすべき特別の理由がある者で厚生労働省令で定めるもの

■高齢者の医療の確保に関する法律施行規則（抄）

〔障害認定の申請〕

第8条　法第50条第2号の規定による後期高齢者医療広域連合の認定（以

下「障害認定」という。）を受けようとする者は、障害認定申請書に、令別表に定める程度の障害の状態にあることを明らかにすることができる国民年金の年金証書、身体障害者手帳その他の書類を添付して、後期高齢者医療広域連合に申請しなければならない。

2　前項の規定による申請をした者は、いつでも、将来に向かってその申請を撤回することができる。

〔法第51条第2号の厚生労働省令で定める者〕

第九条　法第51条第2号の厚生労働省令で定める者は、次に掲げる者とする。

一　日本の国籍を有しない者であって、住民基本台帳法（昭和42年法律第81号）第30条の45に規定する外国人住民以外のもの（出入国管理及び難民認定法（昭和26年政令第319号。以下「入管法」という。）に定める在留資格を有する者であって既に被保険者（法第50条に規定する被保険者をいう。以下同じ。）の資格を取得しているもの及び国民健康保険法施行規則（昭和33年厚生省令第53号）第1条第1号の規定に基づき厚生労働大臣が別に定める者を除く。）

二　日本の国籍を有しない者であって、入管法第7条第1項第2号の規定に基づく入管法別表第一の五の表の下欄に掲げる活動として法務大臣が定める活動のうち、病院若しくは診療所に入院し疾病若しくは傷害について医療を受ける活動又は当該入院の前後に当該疾病若しくは傷害について継続して医療を受ける活動を行うもの及びこれらの活動を行う者の日常生活上の世話をする活動を行うもの（前号に該当する者を除く。）

三　日本の国籍を有しない者であって、入管法第7条第1項第2号の規定に基づく入管法別表第1の5の表の下欄に掲げる活動として法務大臣が定める活動のうち、本邦において1年を超えない期間滞在し、観光、保養その他これらに類似する活動を行うもの（第1号に該当する者を除く。）

四　日本の国籍を有しない者であり、かつ、前号に規定する者に同行する配偶者であって、入管法第7条第1項第2号の規定に基づく入管法

Ⅲ　被扶養者認定に関する通知について　137

別表第1の5の表の下欄に掲げる活動として法務大臣が定める活動のうち、本邦において1年を超えない期間滞在し、観光、保養その他これらに類似する活動を行うもの（第1号及び前号に該当する者を除く。）

五　健康保険法施行規則等の一部を改正する等の省令（平成14年厚生労働省令第117号）第3条の規定による改正前の国民健康保険法施行規則第1条第1号に該当する者

六　その他特別の事由がある者で条例で定めるもの

〔資格取得の届出等〕

第10条　75歳に達したため、被保険者の資格を取得した者は、14日以内に、次に掲げる事項を記載した届書を、後期高齢者医療広域連合に提出しなければならない。

一　氏名、性別、生年月日及び住所

二　資格取得の年月日

三　世帯主である者についてはその旨、世帯主でない者については世帯主の氏名、性別及び生年月日並びに世帯主との続柄

四　その世帯に既に被保険者の資格を取得している者がある場合にあっては、その旨及び当該者の被保険者証の番号（その被保険者に被保険者証が交付されず、被保険者資格証明書が交付されているときは、その旨及び当該被保険者資格証明書の記号番号。以下同じ。）、その世帯に被保険者の資格を取得している者がない場合にあっては、その旨

2　後期高齢者医療広域連合の区域内に住所を有するに至ったため、又は法第55条第1項本文若しくは第2項の規定の適用を受けなくなったため、被保険者の資格を取得した者は、14日以内に、次に掲げる事項を記載した届書を、後期高齢者医療広域連合に提出しなければならない。

一　氏名、性別、生年月日、現住所及び従前の住所

二　資格取得の年月日及びその理由

三　前項第3号及び第4号に規定する事項

届出・様式例

附 录 · 出版

様式コード	
2 2 0 2	

協会管掌事業所用

健康保険　被扶養者（異動）届
国民年金　第3号被保険者関係届

令和　　年　　月　　日提出

厚生年金被保険者の配偶者にかかる届出記載がある場合、同時に『国民年金第3号被保険者関係届』として受理し、配偶者を第3号被保険者に、第2号被保険者を配偶者として読み替えます。

受付印

社会保険労務士記載欄

氏　名　等

㊞

事業主記入欄

事業所整理記号

届書記入の個人番号（基礎年金番号）に誤りがないことを確認しました。

事業所所在地　〒　－

事業所名称

事業主氏名　　㊞

電話番号　　（　　）

事業主確認欄　事業主が確認した場合に○で囲んでください。　確認　収入に関する証明の添付が省略されている者については、所得税法上の控除対象配偶者・扶養親族であることを確認しました。

事業主等受付年月日　令和　　年　　月　　日

A. 被保険者欄

被保険者整理番号

氏名（氏）（名）（フリガナ）　㊞

生年月日　5.昭和 7.平成 9.令和　　年　　月　　日

性別　1.男 2.女

個人番号（基礎年金番号）

取得年月日　5.昭和 7.平成 9.令和　　年　　月　　日

収入　　円

住所　〒　－　個人番号を記入した場合は、住所記入は不要です。

配偶者が被扶養者（第3号被保険者）になった場合は「該当」、被扶養者でなくなった場合は「非該当」、変更の場合は「変更」を○で囲んでください。

※事業主が、認定を受ける方の続柄を裏面(a)の書類で確認した場合は、B欄⑬（又はC欄⑪）の「続柄確認済み」の□に✓を付してください。（添付書類については裏面(a)(b)参照）

B. 配偶者である被扶養者欄（第3号被保険者）

第3号被保険者に関し、この届書記載のとおり届出します。
令和　　年　　月　　日

氏名（フリガナ）（氏名）　㊞

※第3号被保険者関係届の提出は配偶者（第2号被保険者）に委任します □

生年月日　5.昭和 7.平成 9.令和　　年　　月　　日

続柄　1.夫 3.夫（未届）　2.妻 4.妻（未届）

個人番号（基礎年金番号）

外国籍　国籍　（フリガナ）　氏名

住所　同居・別居　〒　－

電話番号　1.自宅 2.携帯 3.勤務先 4.その他

| | 該当 | 被扶養者（第3号被保険者）になった日 | 9.令和　年　月　日 | 理由 | 1.配偶者の就職　4.収入減少　2.離婚　5.その他　3.離職 | 職業 | 1.無職 4.その他（　）2.パート（　）3.年金受給者 | 収入（年収） | 円 |

| | 非該当 | 被扶養者（第3号被保険者）でなくなった日 | 9.令和　年　月　日 | 理由 | 1.死亡（令和 年 月 日）2.離婚　4.75歳到達　5.その他　3.就職・収入増加　6.障害認定 | 備考 | ※ 続柄確認済み □ | 種別 31 |

⑯ 被扶養者でない配偶者を有するときに記入してください。　配偶者の収入（年収）　　円

配偶者以外の方が被扶養者になった場合は「該当」、被扶養者でなくなった場合は「非該当」、変更の場合は「変更」を○で囲んでください。

C その他の被扶養者欄 1

氏名（フリガナ）（氏）（名）

生年月日　5.昭和 7.平成 9.令和　　年　　月　　日

性別　1.男 2.女

個人番号

住所　1.同居 2.別居（　）

続柄　1.実子・養子 6.兄姉　2.1以外の子 7.祖父母　3.父母・養父母 8.曾祖父母　4.義父母 9.孫　5.その他 10.その他

| | 該当 | 被扶養者になった日 | 9.令和　年　月　日 | 職業 | 1.無職 4.小・中学生以下　2.パート 5.高・大学生（ 年生）3.年金受給者 6.その他 | 収入（年収） | 円 | 理由 | 1.出生 4.同居　2.離職 5.その他　3.収入減 |

| | 非該当・変更 | 被扶養者でなくなった日 | 9.令和　年　月　日 | 理由 | 1.死亡 3.収入増加 5.障害認定　2.就職 4.75歳到達 6.その他 | 備考 | ※ 続柄確認済み □ |

C その他の被扶養者欄 2

氏名（フリガナ）（氏）（名）

生年月日　5.昭和 7.平成 9.令和　　年　　月　　日

性別　1.男 2.女

個人番号

住所　1.同居 2.別居（　）

続柄　1.実子・養子 6.兄姉　2.1以外の子 7.祖父母　3.父母・養父母 8.曾祖父母　4.義父母 9.孫　5.その他 10.その他

| | 該当 | 被扶養者になった日 | 9.令和　年　月　日 | 職業 | 1.無職 4.小・中学生以下　2.パート 5.高・大学生（ 年生）3.年金受給者 6.その他 | 収入（年収） | 円 | 理由 | 1.出生 4.同居　2.離職 5.その他　3.収入減 |

| | 非該当・変更 | 被扶養者でなくなった日 | 9.令和　年　月　日 | 理由 | 1.死亡 3.収入増加 5.障害認定　2.就職 4.75歳到達 6.その他 | 備考 | ※ 続柄確認済み □ |

C その他の被扶養者欄 3

氏名（フリガナ）（氏）（名）

生年月日　5.昭和 7.平成 9.令和　　年　　月　　日

性別　1.男 2.女

個人番号

住所　1.同居 2.別居（　）

続柄　1.実子・養子 6.兄姉　2.1以外の子 7.祖父母　3.父母・養父母 8.曾祖父母　4.義父母 9.孫　5.その他 10.その他

| | 該当 | 被扶養者になった日 | 9.令和　年　月　日 | 職業 | 1.無職 4.小・中学生以下　2.パート 5.高・大学生（ 年生）3.年金受給者 6.その他 | 収入（年収） | 円 | 理由 | 1.出生 4.同居　2.離職 5.その他　3.収入減 |

| | 非該当・変更 | 被扶養者でなくなった日 | 9.令和　年　月　日 | 理由 | 1.死亡 3.収入増加 5.障害認定　2.就職 4.75歳到達 6.その他 | 備考 | ※ 続柄確認済み □ |

被扶養者の「該当」と「非該当（変更）」は同時に提出できません。「該当」、「非該当」、「変更」はそれぞれ別の用紙で提出してください。

扶養に関する申立書（添付書類の内容について補足する事項がある場合に記入してください）

申立の事実に相違ありません。　氏名　　㊞

1810 1031 013

Ⅳ　届出・様式例　**141**

この届書は、『健康保険被扶養者（異動）届』と『国民年金第3号被保険者関係届』が一体化した様式となり、「被扶養者になった場合」、「被扶養者でなくなった場合」、「被扶養者情報を変更する場合」にご提出いただくものです。

・健康保険組合等の場合は、『国民年金第3号被保険者関係届（様式コード4300）』による届出となりますのでご注意ください。

記入方法

提出者記入欄	：	事業所整理記号は右図を参照し、新規適用時または名称・所在地変更時に付された記号をご記入ください。事業主の押印は、著名（自筆）の場合は必要ありません。

事業主確認欄 ： 扶養認定を受ける方の収入要件を事業主が確認した場合は、「確認」を○で囲んでください。
この場合、下記の収入要件確認のための添付書類の提出を省略できます。

事業主等受付年月日 ： 被保険者または配偶者から届書を受け取った日付をご記入ください。（配偶者が被扶養者ではない場合を除く）

＜A. 被保険者欄（第2号被保険者）＞ ①～⑤、⑧は必ず記入者欄に。該当の場合は⑥・⑦へご記入ください。

①被保険者整理番号	：	資格取得時に払い出しされた被保険者整理番号をご記入ください。被保険者資格取得届と同時に提出する場合は記入不要です。
②氏名	：	氏名は住民票に登録されているのと同じ氏名をご記入し、押印してください。自署の場合は押印不要です。なお、氏名の記載は必須となりますが、本人署名（または押印）を、事業主が被保険者の届出の意思を確認し、「②住所」欄に「届出意思確認済み」と記載することで省略が可能です。
③生年月日	：	年号は該当する番号を○で囲んでください。生年月日は右図のようにご記入ください。
④個人番号（基礎年金番号）	：	個人番号または基礎年金番号をご記入ください。基礎年金番号をご記入する場合は、年金手帳等に記載されている10桁の番号を左詰めでご記入の上、戸籍謄本等、下記の続柄の確認書類を添付してください。
⑤取得年月日	：	被保険者が健康保険に加入した日付をご記入ください。『被保険者資格取得届』と同時に提出する場合は、『被保険者資格取得届』の取得年月日と同日になります。
⑥収入（年収）	：	配偶者の今後1年間の年間収入見込み額をご記入ください。
⑧住所	：	配偶者が被扶養者（第3号被保険者）となった場合で「④個人番号」欄に個人番号を記入した場合は、住所記入は不要です。

＜B. 配偶者である被扶養者欄（第3号被保険者）＞ ①～④、⑦～⑩は必ずご記入ください。⑤、⑥、⑧、⑤は、非該当・変更の場合は⑪～⑬をご記入ください。

①氏名（届出人の欄）	：	住民票に登録されている氏名および配偶者が被扶養者を通じて事業主にこの届書を提出する日付をご記入ください。自署の場合は押印不要です。なお、氏名の記載は必須となりますが、本人署名（または押印）を、事業主が第3号被保険者の届出の意思を確認し、「⑪備考」欄に「届出意思確認済み」と記載することで省略が可能です。配偶者が20歳未満または60歳以上の場合は第3号被保険者に該当しないため、届出日の記入及び押印は不要です。
③性別（続柄）	：	該当する番号を○で囲んでください。内縁関係にある場合は、「3. 夫（未届）」「4. 妻（未届）」のいずれかを○で囲み、下記添付書類をご提出ください。
④個人番号（基礎年金番号）	：	本人確認を行ったうえで、個人番号をご記入ください。基礎年金番号をご記入する場合は、年金手帳等に記載されている10桁の番号を左詰めでご記入の上、戸籍謄本等、下記の続柄の確認書類を添付してください。
⑤外国人通称名	：	郵便物の宛名や保険証の氏名等について、通称名での登録を希望する場合は住民票に登録された通称名をご記入ください。
⑦住所	：	被保険者と同居または別居のいずれかを○で囲み、住民票の住所をご記入ください。別居の場合は、「⑪備考」に1回当たりの仕送り金額をご記入ください。預金通帳のコピー等、下記の仕送りの事実及び仕送り額が確認できる書類を添付してください。
⑨被扶養者（第3号被保険者）になった日	：	被保険者の社会保険加入と同時に提出する場合は「⑤取得年月日」と同日、それ以外の場合は婚姻年月日等の実際に被扶養者（第3号被保険者）になった日付をご記入ください。
⑩収入（年収）	：	今後1年間の年間収入見込み額をご記入ください。収入には、非課税対象のもの（障害・遺族年金、失業給付等）も含みます。非課税対象の収入がある場合は、受取金額が確認できる書類のコピーを添付の上、「⑪備考」欄に具体的な内容をご記入ください。
⑬被扶養者（第3号被保険者）でなくなった日	：	死亡による場合は死亡日の翌日を、それ以外の場合は非該当になった当日の日付をご記入ください。
⑮備考	：	被扶養者情報に変更がある場合は、変更の内容とその理由をご記入ください。事業主が戸籍謄本等で被保険者と扶養認定を受ける方の続柄を確認した場合は、「続柄確認済み」の□に✓を付してください。
⑯配偶者の年間収入	：	配偶者以外を被扶養者とする場合で、配偶者が被扶養者となれないときは配偶者の年収をご記入ください。これは、配偶者以外の者について、被扶養者と配偶者のどちらを被扶養者に認定するのが適正なのかを確認するためです。

＜C. その他の被扶養者欄＞ ①～④は必ずご記入ください。⑩は、非該当・変更の場合は⑪～⑬をご記入ください。

④個人番号	：	必ず本人確認を行ったうえで、個人番号をご記入ください。
⑥住所	：	被保険者と同居または別居のいずれかを○で囲み、（1）住所地の都道府県名を記入し、都道府県に続く住民票住所と1回当たりの仕送り金額を「⑬備考」にご記入の上、預金通帳のコピー等、下記の仕送りの事実及び仕送り額が確認できる書類を添付してください。別居の場合は、「⑬備考」に1回当たりの仕送り金額をご記入ください。
⑦被扶養者になった日	：	被保険者の社会保険加入と同時に提出する場合は「⑤取得年月日」と同日、それ以外の場合は出生年月日等の実際に被扶養者になった日付をご記入ください。
⑨収入（年収）	：	今後1年間の年間収入見込み額をご記入ください。収入には、非課税対象のもの（障害・遺族年金、失業給付等）も含みます。非課税対象の収入がある場合は、受取金額が確認できる書類のコピーを添付の上、「⑬備考」欄に具体的な内容をご記入ください。
⑩理由	：	被扶養者となった理由を○で囲んでください。ただし、『被保険者資格取得届』と同時に提出する場合は記入不要です。
⑪被扶養者でなくなった日	：	死亡による場合は死亡日の翌日を、それ以外の場合は非該当になった当日の日付をご記入ください。
⑬備考	：	被扶養者情報に変更がある場合は、変更の内容とその理由をご記入ください。「⑥住所」が「2. 別居」の場合、都道府県に続く住民票住所をご記入ください。「④個人番号」欄に個人番号を記入した場合は、住所記入は不要です。事業主が戸籍謄本等で被保険者と扶養認定を受ける方の続柄を確認した場合は、「続柄確認済み」の□に✓を付してください。

添付書類

(a)扶養認定を受ける方の続柄の確認のため、提出日から90日以内に発行された戸籍（抄）本または住民票を添付してください。（内縁関係にある場合は、両人の戸籍（抄）本等を添付してください。）※住民票による続柄の確認は、被保険者と扶養認定を受ける方が同一世帯であり、被保険者が世帯主である場合に限ります。

(b)ただし、扶養認定を受ける方の被扶養者になった日が記載され、上記書類により事業主が続柄を確認し、備考欄の「続柄確認済み」の□に✓を付している場合は、(a)の続柄の確認にかかる添付書類は不要です。（内縁関係を除く）

(c)右記を参考に、扶養認定を受ける方の収入金額が確認できる書類を添付してください。ただし、所得税法上の控除対象配偶者・扶養親族であることを事業主が確認し、事業主確認欄の「確認」を○で囲んでいる場合及び扶養認定を受ける方の年齢が16歳未満の場合は、原則として、右記の添付書類は不要です。

ア 退職したことによる離職の場合	退職証明書または雇用保険被保険者離職票のコピー
イ 失業給付受給中、または受給終了で収入要件を満たす場合	雇用保険受給資格者証のコピー
ウ 年金受給中の場合	現在の年金受給額がわかる年金の改定通知書等のコピー
エ 自営（農業等含む）による収入、不動産収入等がある場合	直近の確定申告書のコピー
オ 上記イウエ以外の税制対象の収入がある場合	イウエに応じた書類及び課税（非課税）証明書
カ 上記ア～オ以外	課税（非課税）証明書

(d)障害・遺族年金、傷病手当金、失業給付等非課税対象の収入がある場合は、受取金額の確認ができる通知書等のコピーが別途必要です。

(e)被保険者と扶養認定を受ける方が別居の場合、仕送りの事実と仕送額が確認できる預金通帳等のコピーまたは現金書留の控えを添付してください。（16歳未満の方と16歳以上の学生は、添付書類は不要です。）

(f)扶養認定を受ける方が海外に住所を有する方である場合は、上記の取扱いに関わらず、必ず現況申立書、続柄・収入金額が確認できる公的証明等、仕送りの事実及び仕送り額が確認できる書類（被保険者と扶養認定を受ける方は、同一世帯である）を添付してください。

(g)被扶養者の非該当・変更の場合は、被保険者証の添付が必要です。添付できない場合は『被保険者証回収不能届』を添付してください。

個人番号（マイナンバー）により届け出る際の本人確認

・第3号被保険者が事業主に届書を提出するときは、事業主においてマイナンバーが本人のものであることの確認とマイナンバーの記載された届書の提出を行う者が正当な番号の持ち主であることの確認を行う必要があるため、マイナンバーカード等を添付してください※1。

・配偶者（第2号被保険者）が第3号被保険者の代理人として届書を事業主に提出するときは、第3号被保険者のマイナンバーカードの裏面のコピーまたはマイナンバーが確認できる書類のコピー、および代理権の確認ができる委任状※2を添付してください※3。

※1：マイナンバーカードをお持ちでない方は、以下の①および②の書類を添付してください。
　　①マイナンバーが確認できる書類：通知カード、個人番号の表示がある住民票の写し
　　②身元（実存）確認書類：運転免許証、パスポート、在留カード等
　　なお、郵送で届書を提出する場合は、マイナンバーカードの表・裏両面のコピー、または①および②のコピーを添付してください。

※2：B.第3号被保険者①氏名欄の「※届書の提出は配偶者（第2号被保険者）に委任します□」の□に✓を付すことにより、委任状の添付を省略することができます。

※3：事業主において本人確認を行った後の確認書類は、届書に添付して日本年金機構に提出する必要はありません。

142

参考様式1

健康保険・被扶養者調書（生活実態調書）

同 年 月 日	常務理事	事務長	課 長	担当者
年 月 日				

《世帯全体用》

健康保険証の記号番号		被保険者氏名		報酬月額		千円		認定結果

	世帯主氏名	被保険者との続柄	生年月日	同居・別居の別	勤務先の名称及び所在地（無職の場合はその旨）	給与・賃金（円）年間額	その他の収入 収入源	月平均	被保険者が被扶養者を扶養しなければならない理由（別居の場合は住所等）	
世帯構成及び生活実態 被保険者本人			年 月 日							認定・非認定
被扶養者となる親族			年 月 日	同居・別居						認定・非認定
			年 月 日	同居・別居						認定・非認定
			年 月 日	同居・別居						認定・非認定
			年 月 日	同居・別居						認定・非認定
			年 月 日	同居・別居						認定・非認定
他の親族			年 月 日	同居・別居						認定・非認定
			年 月 日	同居・別居						認定・非認定
			年 月 日	同居・別居						認定・非認定
全世帯員の1ヶ月生計費					万円					認定・非認定

上記の事実に相違ないことを申し立てます。

年 月 日

被保険者氏名 ㊞

被保険者が申し立てた上記について、事実に相違ないので証明します。

年 月 日

事業主名 ㊞

（注意事項）

1. 世帯構成は、同居の親族及び止むを得ない事由により別居している親族について記入して下さい。
2. 扶養しなければならない理由は具体的に記入して下さい。また、他の親族については、被扶養者としない理由（例えば、配偶者の被扶養者となるため等）を記入して下さい。
3. 収入の欄は、給与、年金・恩給、不動産収入（家賃）、利子・配当、失業給付の受給、傷病手当金・出産手当金の受給、仕送等すべての収入について、記入して下さい。
4. この申立書は、必ず事実に基づいて記入し、事業主（所属長）が続柄を証明して下さい。
5. それぞれの収入について、現金給付の写し、振込通帳、決定通知書等があれば、その写を添付して下さい。

Ⅳ 届出・様式例 **143**

参考様式2

(伺)	年 月 日	常務理事	事務長	課 長	担当者
結果	認定 ・ 非認定				

健 康 保 険 ・ 被扶養者(配偶者)調書

1 認定申請被扶養者の氏名等

認定申請被扶養者氏名	続柄	生 年 月 日	年 齢	同居別居区分	別居の場合の住所
		年 月 日	歳	①同居 ②別居	

扶養の理由(別居の場合はその理由も記入のこと。)

2-1 認定申請被扶養者の前職等

会社名(自家営業名)		健康保険組合又は 年 金 事 務 所 名	**健康保険組合 年金事務所**
同上の住所(所在地)		TEL	
退職(廃業)年月日	年 月 日	理由	

2-2 前職の雇用保険等の失業給付制度の加入状況について

(1)雇用保険等に加入していた　　　(2)雇用保険等に入っていなかった(理由)

2-3 雇用保険に加入していた場合は、下欄(※欄)の該当箇所に〇印をつけてください

雇用保険に関する事項	※欄	添 付 書 類
① 受給終了		①から③の場合は雇用保険受給資格者証(両面)の写し
② 現在受給中		
③ 受給待機中		④の場合は延長証明証
④ 延長中		⑤の場合は離職票の写し
⑤ 近々申請予定(離職票交付あり)		⑥の場合は下記3の証明を受ける
⑥ 離職票待(受給意思有)		⑦の場合は離職票の原本
⑦ 受給しない又は受給できない		添付できないときは下記3で証明を受ける
⑧ その他		

上記⑦の場合はその理由を詳しく記入してください

3 元勤務先事業主(事務担当者)証明欄

(この欄は離職票の交付が受けられない場合に証明を受けてください。)

事業主または証明担当者氏名　　　　　　　　㊞

退 職 年 月 日	年 月 日		
離職票発行の有無	有・無	無の場合はその理由	
離職票発行年月日	年 月 日	手続き中(月 日頃発行予定)	

4 誓約事項

　　被扶養者認定後雇用保険から失業給付(基本手当)を受給または、その他の収入が生じ、認定基準額以上の収入になった場合には、その時点で被扶養者の削除の手続きを速やかに行なうことを誓約します。

　　　　　　年　　月　　日

　　　　　　　　　　被保険者氏名　　　　　　　　　　　　　　　　㊞

参考様式３

同　意　書

　　○○健康保険組合が被扶養者の認定ために必要があるときは、私及び私の世帯員の資産及び収入の状況につき、公共職業安定所（ハローワーク）及び官公署（日本年金機構及び全国健康保険協会を含む。以下同じ）に調査を依頼し、回答を求めることに同意します。

　　また、公共職業安定所（ハローワーク）の調査委託又は回答要求に対し、官公署が回答することについて、私及び私の世帯員が同意している旨を官公署に伝えても構いません。

年　　　月　　　日

被扶養者として届け出る者の加入者番号等

雇用保険の被保険者証	
基 礎 年 金 番 号	

　　※　住　所

　　※　氏　名　　　　　　　　　　　　　　　　　㊞

○○健康保険組合

　理事長　　　○○　△△　　　　　様

　※　氏名住所は被扶養者（家族）として届出る者についてご記入ください。

Ⅳ　届出・様式例　　145

改訂版　健康保険被扶養者認定 Q&A

2019 年 7 月 10 日　改訂版 1 刷発行
2009 年 9 月 24 日　初　版 1 刷発行

編　　　者　廣 部 正 義
発 行 所　健康と年金出版社
〒 231-0015
神奈川県横浜市中区尾上町 1-6
TEL：045-664-4677
FAX：045-664-4680

＊定価は表紙に表示してあります。
＊落丁・乱丁本はお取替えいたします。

印刷所　株式会社エイシン

©2019　Printed in Japan

ISBN978-4-901354-76-9